영유아 교과교재 연구 및 지도법

영유아 교과교재 연구 및 지도법

성영화 저

dm 동문사

집필을 시작하며

돌멩이로 땅따먹기를 하던 시절
신문지로 딱지를 접어 딱지치기를 하던 시절
종이 인형으로 소꿉놀이를 하던 시절
종이벽돌블록을 쌓아 유치원을 만들어 놀이하던 시절

시대가 변해도, 환경이 달라져도 우리에게는 놀이를 하며 즐겁게 보냈던 어릴 적 추억이 있다. 아련한 추억이라 그때를 회상하기가 쉽지 않지만, 누군가는 그때를 떠올리며 희미한 미소를 짓는다. 놀이를 함께 했던 친구도 그리워진다. 함께 놀이했던 공간의 따뜻함도 느껴진다. 그 순간, 늘 가지고 놀았던 그때의 놀잇감도 생각난다. 비록 자연물이나 일상생활용품보다 상품화되어 판매되는 장난감으로 놀이하는 데 더 익숙한 요즘 영유아들이지만 그때나 지금이나 놀잇감으로 놀이하며 하루를 보내는 영유아의 모습은 닮아있다. 어떤 형태의 놀잇감이든, 영유아의 놀이하는 즐거움을 배로 만들어 주는 것은 다름 아닌 놀잇감이다.

정말 많은 놀잇감이 쏟아지고 있는 시대
매우 다양한 교재교구가 개발되고 있는 시대

영유아는 놀이 속에서 여러 가지 놀잇감을 만나고, 활동 속에서 여러 가지 교재교구를 접한다. 놀잇감을 포함하여 수없이 많은 교재교구가 있다 보니, 교재교구만큼은 넘쳐나는 시대를 살고 있다.

다만, 교재교구가 부족하지 않은 이 시대에도 영유아는 교재교구를 스스로 만든다. 만든 교재교구로 신나게 놀이한다. 놀잇감과 놀잇감을 이어 붙여 만든 교재교구는 아주 기발하기까지 하다. 부모나 교사의 상상력으로는 도저히 따라가기 어려운 교재교구가 영유아의 손에서 뚝딱 만들어진다. 물론 교재교구를 만들며 교사에게 그림을 출력해 달라고 요청하는 영유아도 있다. 이 영유아는 출력한 그림을 색칠하고 오려서 새로운 교재교구를 완성한다. 교사도 새로운 교재교구를 만든다. 영유아중심의 활동을 지원하고 싶은 교사는 새로운 교재교구를 만든다. 만약, 교재교구를 제작하는 기간이 길어지면 길어질수록, 영유아의 놀이는 다른 방향으로 흘러가 교사는 다른 활동을 준비해야 한다. 그러므로 교사는 영유아의 놀이나 관심사를 고려하여 이를 확장해 주는 교재교구를 제때 영유아에게 제공해야 한다. 평소, 교재교구에 관심을 가지고, 확장하여 사고하고자 노력한 교사라면, 이 순간은 자연스럽게 흘러간다.

이 책의 집필은 여기서부터 시작되었다. 그동안 유아교육기관에서 꾸준히 인기를 끌며 긴 시간 동안 활용되어 온 교재교구가 있다. 종이벽돌블록, 플라스틱 소꿉 놀잇감, 곡식 관찰 놀잇감 등이 대표적이다. 이러한 교재교구도 사회가 변하고, 영유아의 놀이 상황이 달라지면 그 내용이나 만든 재질이 변해야 한다. 옛날이나 지금이나 같은 듯 다른 놀잇감이어야 한다. 이에 본 저자는 영유아의 교재교구에 관심을 가지는 모든 이들에게 우리가 평소 마주했던 영유아 교재교구의 적절성이나 활용성을 조금 더 생각해 보는 기회가 필요함을 느꼈다. 이 책을 집필하기 시작한 이유이다.

또한 교사는 필요에 따라 교재교구를 제작한다. 유아교육과 학생들도 마찬가지이다. 그래서 유아교육과 학생들은 예비교사로, 대학 양성과정에서 교재교구를 직접 제작한다. 모의수업을 실행하는 모든 교과에서 크고, 작은 교재교구를 제작한다. 이 과정에 어려움을 느끼는 학생들이 있다. 만들고 싶은 교재교구를 정하지 못해 계속 고민하는 학생, 만드는 과정에서 쉽게 부서지는 교재교구를 발견하고는 처음부터 다시 만드는 학생, 교재교구를 완성한 이후, 생각보다 아름답지 않다는 이유로 좌절하는 학생 등 그 이유는 다양하다. 실망한 예비교사는 교사로 자신의 직업 역량에 의문을 품는다. 요즘처럼 상품화된 교재교구가 쏟아지는 이 시대에 교사가 반드시 교재교구를 제작할 필요는 없다. 구입하여 사용해도 괜찮다. 교사가 교재교구를 직접 제작하는 시간을 대신해서 구입한 교재교구로 영유아의 놀이를 확장하는 교수방법을 고민해 보는 것도 좋다. 반성적으로 사고하는 교사는 성장하기 때문이다.

교재교구를 꼭 제작해 보지 않아도 되는 환경에서 유아교육과 학생들에게 교재교구를 제작해 보라는 이유가 있다. 교재교구를 직접 제작해 보면, 이론에서 배운 내용을 실제에 적용해 볼 수 있기 때문이다. 유아의 발달과 연령을 고려하여 유아의 관심을 끄는 교재교구를 제작해야 한다는 이론을 배운 후 실질적으로 놀잇감을 만들다 보면 좋은 교재교구의 조건에 관한 통찰력이 생긴다. 열심히 색 혼합 놀잇감을 만들었는데, 색의 변화를 직관적으로 확인할 수 없다면 어떨까? 만들어 보면 더 잘 배울 수 있다. 예비교사로 추후에 필요한 교재교구를 선택하고 구입하는 안목이 서서히 길러진다. 동일한 재질로 만들어진 동일한 목적의 교재교구일 때, 최종적으로 선택하는 교재교구는 교사의 안목으로 결정되므로 중요할 수밖에 없다.

비록 글이지만, 이 책을 통해서 교재교구를 구입하고, 제작하는 이들에게 조금의 자신감을 길러주고 싶었다. 교사는 만능일 수 없다. 완벽하게 만든 교재교구도 없다. 그래도 교재교구에 관한 학습의 시작으로 이 책을 접하다 보면 교재교구를 선택하고 제작하는 데 조금이나마 자신감을 가질 수 있을 것이다. 영유아에게 놀이는 참 즐거운 시간이지만, 교사에게 교재교구 제작은 고민의 시간이다. 교재교구 제작에 관심을 기울이는 교사가 조금 더 즐겁게 배워가기를 바라는 마음을 담아 이 책을 집필하고자 노력했다.

이 책은 크게 9장으로 구성되어 있다. 1장은 영유아 교과교재의 의의를 살펴보기, 2장은 영유아 교과교재를 분류하기, 3장은 영유아 교과교재를 구입하기, 4장은 영유아 교과교재를 제작하기, 5장은 영유아 교과교재를 제공하기, 6장은 영유아 교과교재를 활용하기: 일상 생활편, 7장은 영유아 교과교재를 활용하기: 놀이편, 8장은 영유아 교과교재를 활용하기: 활동편, 9장은 영유아 교과교재를 마무리하기이다. 이는 1, 2장을 영유아 교재교구에 관한 기초 이론으로 하고, 3~5장을 이론에 기반하여 영유아 교재교구를 마련하는 실제로 보았다. 더불어 6~9장은 제공된 영유아 교과교재를 활용하는 실제로 구성하였다. 이 흐름을 따라가다 보면, 이미 1~2개의 교재교구를 만들기 시작했거나, 만들고 싶다는 생각을 하게 될지도 모른다.

이 책의 시작 부분에서는 짧은 메모를 찾아볼 수 있다. 짧은 메모는 각 장의 내용을 학습하기에 앞서 간단한 문제 상황과 마주하며 생각을 나눠보도록 구성되었다. 이 책에는 바로 맞히는 문제도 있다. 학습한 내용의 이해 정도를 파악해 볼 수 있는 아주 간단한 문제들이 제시되어 있다.

책에 대한 이해를 돕기 위해서 영유아 교과교재 연구 및 지도법에서 교과교재는 영유아기에 적합한 용어로 교재교구로 선택하여 사용함을 미리 안내한다(1장에서 조금 더 명확히 밝히고 있다). 교사는 주로 영유아교사를 의미하므로 이 또한 참고하기를 바란다.

이 책을 접하는 많은 이들이 교재교구를 잘 만들어야 한다는 부담을 덜어내고, 교재교구에 관심을 가져보는 데서 하나씩 시작해 가기를 바란다. 이 책을 접하는 이들에게 다음의 반응을 기대해 본다.

"재미난 교재교구가 많구나."
"이 교재교구로 어떤 놀이를 할 수 있을까?"
"짧은 시간에도 교재교구를 만들 수 있구나."

여전히 교재교구 제작은 어렵고, 힘들다고만 느껴진다면, 이러한 교사의 부담을 덜어주기 위해 앞으로도 책의 내용을 수정해가도록 노력할 것이다. 유아교육을 실행하는 중요한 환경 자원으로 교재교구를 배제할 수 없고, 유아교육기관에서 놀이 중심의 교육과정을 운영하는 만큼 놀잇감을 찾고, 제작하는데 꾸준히 관심을 기울여야 하기 때문이다. 마지막으로 오늘은 어떤 교육을 할까? 어떤 교재교구를 배치할까?를 고민하며 애쓰는 유아교육기관의 교사들을 떠올리며 이 책을 마친다. 더불어, 이 책이 출판되도록 도와준 제자들과 동문사 출판사 담당자분들께도 고마움을 전한다.

2025년 3월 1일
저자의 생각을 담다.

차 례

Chapter 01

영유아 교과교재의 의의를 살펴보기

코끼리 반과 토끼 반 유아들은 유아교육기관에 등원하자마자
쌓기놀이 영역으로 가 길을 만들어 놀기 시작했다.
만든 길 위에는 모형 자동차, 택시, 버스가 다녔다.
월요일부터 진행된 교통기관을 주제로 한 놀이는 금요일까지 지속되었다.
그로부터 1주일이 지났다. 코끼리 반 유아들은 여전히 교통기관에 관한 여러 가지 놀이를 이어가며 즐겼다. 유아들은 육상, 해상, 항공 등 다양한 교통기관의 종류를 탐색하고, 그 움직임도 관찰했다.
반면, 토끼 반 유아들은 교통기관을 주제로 한 놀이를 더 이상 진행하지 않았다.
대신해서 물에 관한 놀이를 시작했다.
유아들은 물을 만져보고, 그 흐름도 관찰했다.

코끼리 반과 토끼 반의 다른 점은 무엇일까?
왜 놀이 양상이 달라졌을까?

짧은 메모

유아는 놀이를 하며 하루를 보낸다. 유아교육기관에서든 가정에서든, 유아는 식사를 하거나 낮잠을 자거나 화장실을 다녀오는 시간을 제외한 대부분의 시간에 놀이를 한다. 주변에 있는 여러 가지 교재교구는 유아를 즐거운 놀이로 이끈다. 유아는 교재교구를 선택하여 자발적으로 놀이를 시작한다. 유아는 교재교구를 탐색하는 데 그치지 않고, 교재교구를 가지고 놀이 상황을 가정하고, 놀잇감을 구성하며 적극적으로 놀이한다. 시간이 흐를수록 유아의 놀이는 점점 더 열기를 띤다. 이처럼 유아의 놀이는 교재교구로 점점 더 확장해 간다. 그러다 보니, 유아는 하루 종일 쉬지 않고 놀이한다. 놀이에서만큼은 무한한 에너지를 발산한다.

유아의 삶에서 놀이를 지울 수 없듯, 유아의 놀이는 교재교구 없이 이해하기 어렵다. 물론 유아는 교재교구가 없어도 놀이를 할 수 있다. 초성 퀴즈처럼 말소리를 활용한 언어놀이나 가위, 바위, 보처럼 손을 활용한 신체 놀이를 할 때면 교재교구가 필요하지 않다. 그러나 초성퀴즈를 할 때도 초성을 쓰고 지울 수 있는 카드와 수성 사인펜이 있다면 조금 더 쉽게 놀이를 할 수 있다. 가위, 바위, 보 손 막대는 놀이를 더 즐겁게 해 준다. 놀이 속 교재교구는 유아에게 놀이를 진행하고, 촉진하는 매체로 활용된다.

이에 1장에서는 영유아 교과교재의 의미와 중요성을 바탕으로, 교사로 교재교구 연구 및 지도법을 학습해야 할 필요성을 살펴본다. 이는 유아에게 필요한 좋은 교재교구를 선택하고자 끊임없이 관심을 가지는 예비교사, 현직교사, 그리고 부모들에게 가장 기본적이고 유용한 정보가 될 것이다.

1. 영유아 교과교재의 의미를 살펴보기

교과란 무엇일까?

교과(教科)란 '가르칠 교'와 '과목 과'를 합친 단어로 한자 그대로 풀어 배움의 대상에게 가르쳐야 하는 과목의 단위를 말한다. 이러한 과목은 학습해야 하는 내용을 체계적으로 구성하고 있어야 한다. 교과는 교과목과 유사한 의미로 쓰인다. 이런 이유로 교과라는 말을 들으면 흔히들, 국어, 영어, 수학, 과학, 사회, 음악, 미술, 체육, 도덕, 가정기술, 역사처럼 여러 교과목을 떠올린다. 물론 이러한 교과목을 중심으로 구성한 시간표에 따라 실시되는 학습은 주로 초등학교부터 대학교까지 이루어진다. 초등학교 때는 체육이나 음악과 같은 일부 교과를 제외한 대부분의 교과목을 담임교사가 학생들에게 가르친다. 중학교 때부터는 각 교과목에 따라 지도하는 담당 교사가 달라진다. 과목 특수성이 있기 때문이다. 다만, 담당 교사가 각 교과목을 지도할 때 주로 사용하는 매체는 교과서이다. 대학생들은 수강하고 싶은 교과목을 담아 시간표를 짜고, 담당 교수자로부터 배운다. 이때도 각 전공별 대학 교재가 쓰인다. 즉, 교과의 의미를 들여다보면, 교과, 교과목, 교과서로 자연스럽게 연결된다.

그렇다면 영유아교육에서 교과는 어떤 의미일까? 우선 교과, 교과목, 교과서로 이어지지 않는다. 놀이를 바탕으로 한, 교재교구나 활동지가 먼저 떠오른다. 영유아기는 각 교과에서 학습해야 할 내용을 담고 있는 교과서를 펼쳐 정해진 시간에 따라 공부를 해야 하는 시기로 볼 수 없다. 오히려, 유아교육기관에서 영유아는 놀이하고, 대소집단 활동을 하며 이 시기에 필요한 여러 가지 경험을 한다. 교과서에 기초한 학습이 민주 시민으로 살아가는 데 필요한 기본적인 능력을 습득하도록 하는 데 그 목적을 두고 있다면, 영유아는 교과서를 대신해 이러한 경험을 통해 삶을 살아가는 데 필요한 기초 역량을 함양한다. 놀이나 활동 속의 경험은 영유아에게 듣기, 말하기, 읽기, 쓰기, 수 인식, 도형, 패턴, 도표, 물리적 힘, 물질의 성질, 인체, 동식물, 자연, 기상, 노래 부르기, 악기 연주하기, 감상하기, 이야기 나누기, 게임, 신체표현, 동극, 동화 등으로 나타난다. 놀이와 활동을 통한 경험은 영유아에게 즐거움을 줄 뿐 아니라 발달도 촉진한다. 따라서 교과보다는 하루 동안 경험해야 하는 놀이나 활동을 중심으로 일과를 구성하는 유아교육기관에서는 이러한 교과의 의미가 낯설게 느껴질 수 있다.

교재란 무엇일까?

교재는 교수 매체 중 하나이다. 즉, 교사가 교육 활동을 수행할 때 사용하는 자료인 셈이다. 과거에는 교재를 좁은 의미로 인식했다. 흔히들 종이 형태로 되어 있는 학습 자료를 교재로 보았다. 영유아들이 접하는 한글 · 수 학습지, 초등학생이 보는 교과서, 중고등학생이 펴든 자습서나 평가 문제집, 대학생이 활용하는 전공도서가 이에 해당했다.

시대적 변화에 따라, 교재의 의미는 점점 넓어졌다. 여전히 종이로 출판된 책을 교재라고 부르지만 이에 그치지 않는다. 과학기술의 발전으로 교육적 상황이 변화했기 때문이다. 언제 어디서든 인터넷을 사용할 수 있는 시대이다. 스마트 기기를 사용한 교육활동이 가능해지면서 교육 현장에서는 e-book을 교재로 활용하기도 한다. 따라서 이 시대에는 교재의 의미를 조금 넓게 적용할 필요가 있다. 정리하자면, 교재란 효과적인 학습 및 교육을 지원하는 모든 자료를 말한다. 이러한 교재는 온라인 동영상과 같은 시청각 자료를 포함한다.

영유아 교과교재란 무엇일까?

우리는 0~2세 영아와 3~5세 유아의 교육 및 놀이 경험을 효과적으로 지도하고 안내하기 위해 사용하는 모든 도구를 영유아 교과교재라 부른다. 초등학생을 위한 교과교재가 각 교과목의 학습을 지원해 주는 모든 도구라고 한다면, 영유아 교과교재는 영유아에게 여러 가지 경험을 지원하고 제공하는 모든 자료를 말한다. 이에 영유아 교과교재는 영유아기의 발달 특성을 반영하여 교재교구, 놀잇감, 교수 자료, 활동 자료, 학습 자료, 교육 준비물, 교육 자료처럼 여러 가지로 불린다. 활동계획안을 작성할 때는 교과교재를 활동 자료나 준비물로 표시하며, 놀이계획안에 표기할 때는 교과교재를 놀이 자료로 제시한다. 영유아들은 이러한 자료를 장난감이라 부른다. 이 책에서는 교사가 주로 사용하는 용어로 유아교육기관의 이해를 돕기 위해 교재교구라 통일하여 부른다.

✿ 바로 맞히는 문제 ✿

교재교구를 찾아, ○ 해 보세요.		

자동차 모형	모양 찾기	고리 끼우기

모양 맞추기	공구놀이	종이벽돌블록
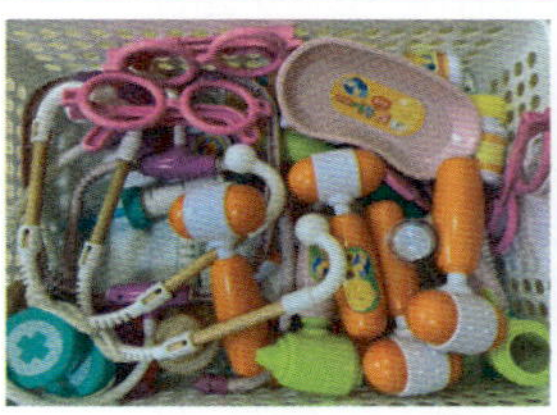		
병원놀이	핀스크린	실리콘 뽁뽁이

2. 영유아 교과교재의 역사를 살펴보기

영유아 교과교재는 어디서 사용할까?

영유아교재교구는 오랜 시간 다양한 장소에서 사용되어 왔다. 아이가 태어나 처음으로 교재교구를 처음으로 접하는 곳은 **가정**이다. 부모는 영아가 태어나면 사용할 첫 번째 놀잇감으로 모빌을 미리 구입해 둔다. 출생 후 가정으로 온 영아를 위해서 흑백 모빌을 달아준다. 영아는 깨어 있는 짧은 시간 동안 매달려 흔들리는 흑백 모빌을 어렴풋이 쳐다본다.

잡고 설 수 있게 된 영아에게 보행기가 제공된다. 영아는 보행기 버튼을 꾹 눌러 음악을 들으며 전진하고 때로는 후진한다. 영아에게 보행기는 다리의 힘을 길러 걸음마를 연습하는 데 도움을 준다. 영아가 더 자라 대소변 훈련을 하는 시기가 되면 응가 그림책이 비치된다. 영아는 응가 그림책을 보며, "응가"를 따라 말해본다. 힘을 꽉 주어 응가 하는 시늉도 해 본다. 놀이 경험을 통해 대소변을 할 때 사용하는 도구나 상황에 대한 영아의 거부감은 점점 줄어든다. 효과적인 대소변 훈련이 가능해진다. 영아가 한 단어, 두 단어를 말하기 시작하면, 부모는 한글 브로마이드를 벽에 붙여 둔다. 글자를 읽지 못하는 영아는 그림을 보고, 부릉부릉, 멍멍이라고 말한다. 이 한글 브로마이드는 자녀의 언어발달을 지원하기 위한 부모의 바람이 반영된 결과이다. 유아를 위한 퍼즐을 종류별로 구비하는 가정도 있다. 부모는 그림, 크기, 조각 수, 모양이 다양한 퍼즐을 준비하여 유아에게 제공한다. 퍼즐을 만지작거리며 맞추기를 시도하는 유아는 놀이 속에서 도형과 공간을 경험한다.

놀이치료실에서도 여러 가지 교재교구를 찾아볼 수 있다. 놀이치료실의 분위기에 거부감이 줄어든 유아는 길과 자동차 모형으로 교통사고를 겪었던 자신의 경험을 표현한다. 이 과정에서 유아는 무서움, 불안, 화와 같은 부정적 정서를 표출한다. 놀이치료실에 있는 아기 인형으로 놀이하는 유아도 있다. 어떤 때는 아기 인형을 안아주고, 토닥이며 놀이한다. 이후 놀이치료실에 오는 횟수가 늘어나 그 환경에 익숙해진 유아는 아기 인형을 때리고, 밀치기도 한다. 태어난 동생에 대한 유아의 질투와 화가 아기 인형으로 표현되는 순간이다. 놀이치료실에 배치된 교재교구는 유아에게 자신의 긍정적 · 부정적 경험을 자연스럽게 표현하는 기회를 제공한다.

장난감 도서관에도 여러 가지 교재교구가 있다. 각 지역사회에는 영유아와 장애아동의 놀이를 지원하기 위한 목적으로 장난감 도서관을 설립하여 운영하고 있다. 서울 장난감 도서관, 수원시 장난감 도서관 등 여러 지역사회에서는 장난감 도서관을 운영 중이다. 자녀를 둔 부모라면, 장난감 도서관에서 일정 기간 동안 여러 가지 놀잇감과 도서를 빌릴 수 있다. 물론 장난감 도서관을 이용하기 위해서는 회원 가입을 해야 한다.

그 어느 장소보다 **유아교육기관**은 유아에게 있어 가장 많은 교재교구를 제공해 준다. 이곳에는 크기, 색, 모양, 무게, 내용, 주제가 다양한 교재교구가 정말 많다. 유아는 유아교육기관에 있는 그림책, 구슬 꿰기, 색종이, 돋보기, 실로폰, 블록과 같은 여러 가지 교재교구로 다양한 놀이를 즐긴다. 교사는 영유아의 놀이 주제 및 흥미의 변화에 맞추어 또 다른 교재교구를 배치해 준다. 영유아는 놀이를 하며 즐거움을 느끼고, 발달한다.

영유아 교과교재의 역사는 어떨까?

다양한 장소에서의 교재교구 사용은 시대를 거치며 형성되어 왔다. 유아가 교재교구를 사용하여 놀이를 하고 교육을 받은 것은 오랜 역사 속에서 찾아볼 수 있다. 이전으로 돌아가 교재교구의 역사를 코메니우스, 프뢰벨, 몬테소리를 중심으로 살펴본다.

✿ 코메니우스

코메니우스는 근대교육학의 아버지로, 유아를 위한 교육 방법으로 감각적 경험과 놀이를 통한 실제적인 학습을 강조하였다(구경선, 2005). 코메니우스는 세계 최초의 그림책인 『세계도회』를 만들게 된다. 『세계도회』는 그 당시 어린이들이 접할 수 있는 유일한 아동도서이자, 시각 교재로 조직적인 틀을 갖추고 있는 최초의 그림 교과서로 평가된다(나현규, 2021). 그림 요소를 반영한 『세계도회』의 구성을 살펴보면 다음과 같다.

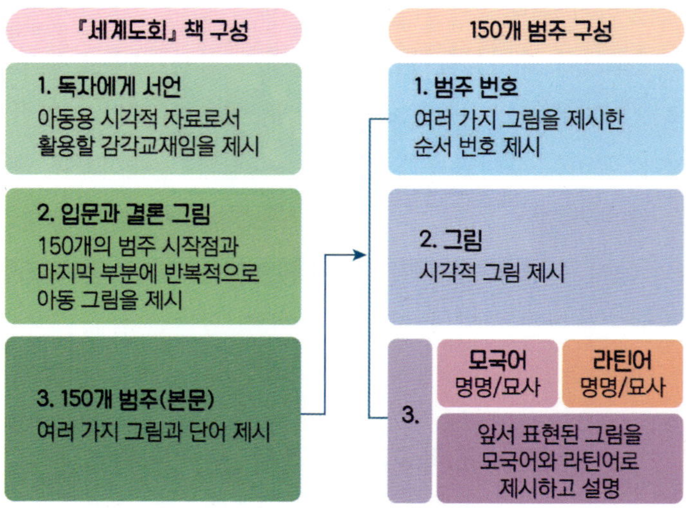

출처: 강기수, 김선희(2014). J. A. Comenius 『세계도회』의 아동교육적 의미 고찰. pp. 8~9 재구성.

이처럼 『세계도회』는 독자에게 서언을 제외한 부분에서 모두 그림을 활용하여 오늘날 그림책과 비슷한 형태를 띤다(김병희, 김유라, 2013). 글과 그림으로 제시된 『세계도회』는 여러 가지 주제를 담고 있다. 임상도(2018)는 『세계도회』를 독자에서의 서언과 입문편(입문과 결론, 150개 범주)으로 구성되어 있다고 보고, 150개 범주는 다음의 그림 주제를 포함한다고 보았다.

- 신과 종교에 관한 그림 주제
- 자연에 관한 그림 주제(무생물, 식물, 동물)
- 인간에 관한 그림 주제(인간 이해, 다양한 직업, 이동, 쓰기도구와 책, 교과, 도덕적 덕목, 사회제도)

코메니우스 이후 교육과 예술이 발달하고, 인쇄물처럼 과학이 발달하여 교육에 이미지나 삽화를 활용하는 경우가 늘었다(김병희, 김유라, 2013). 임상도(2018)는 라틴어와 모국어를 모두 사용하고 있는 세계도회의 방식에 따라, 유아를 대상으로 한 외국어 교육을 실시할 때 언어문화교육철학관에 기초하여 한국어와 외국어를 병기하는 접근의 필요성을 제안하기도 하였다.

✿ 프뢰벨

프뢰벨은 세계 최초로 유치원을 설립하고 은물이라는 교구를 제작하였다. 은물은 신의 선물이라는 뜻을 가진 교구이다. 프뢰벨이 은물을 제작한 동기를 살펴본다.

"은물의 가장 중요한 목적은 단지 외적 신체 활동을 위한 것이 아니라 오히려 정신 활동과 같은 내적인 활동의 양성과 발달을 위한 것이다."

출처: 고후순(2008). FRobel 은물과 Montessori 교구의 비교연구. 인문과학논총, 창간호, p. 206.

은물은 총 10 은물로 구성되어 있다. 털실로 된 제1은물을 제외하고 대부분의 은물은 나무재질로 되어 있다. 은물은 제1 은물에서 제10 은물까지로 나아가면서 입체-면-선-점으로 점점 전개된다. 은물의 구성을 살펴보면 다음과 같다.

제1 은물(색) 6개의 공	제2 은물(형) 공, 원통, 정육면체	제3 은물(수) 8개의 작은 정육면체
제4 은물 (넓이) 8개의 길이가 다른 직육면체	제5 은물(균형) 정육면체와 삼각주	제6 은물(비례) 크고 작은 직육면체
제7 은물(면) 사각형과 삼각형	제8 은물(선) 길이 다른 막대	제9 은물(점) 콩, 작은 조각
제10 은물(재구조) 부드러운 완두콩		

출처: 곽노의(1996). 프뢰벨: 생애와 교육. p. 95 재구성.

우리나라에서는 은물을 가베나 신의 선물로 부른다. 또한 우리나라에서 볼 수 있는 가베는 제9 은물을 곡선으로, 제10 은물을 점으로 구성하고 있다.

그동안 유아교육기관에서는 은물을 교재교구로 활용해왔다. 어떤 유아교육기관에서는 놀이 시간에 놀이 자료로 은물을 유아에게 제공해 주었다. 또는 방과 후에 외부 강사에 의해 진행하는 특별활동으로 은물 활동을 실시하는 유아교육기관도 있었다.

제1 가베

제2 가베

제3 가베

제5 가베

제7 가베

제10 가베

✿ 몬테소리

몬테소리는 이탈리아 최초의 여의사이자 교육자이다. 몬테소리 학교에서는 다음과 같은 활동을 제공했다(김은미, 2005, p. 12).

- **실제 생활 경험:** 따르기, 접기, 닦기, 단추 끼우기, 끈으로 매기
- **감각적인 자료:** 크기, 소리, 모양, 색깔의 차이를 구별할 수 있는 교육 자료들
- **수학 연습:** 양의 개념, 십진법, 덧셈, 뺄셈
- **다방면에 관한 자료:** 식물학개론, 지리학개론

몬테소리는 교육에 있어서 인격적 발달, 독립심, 개인의 자유에 역점을 두다 보니, 몬테소리 학교에서는 어린이가 개인적으로 학습 자료를 가지고 활동하며 도움이 필요할 때만 교사가 도와줄 수 있도록 하였다(김은미, 2005). 즉, 학습에 있어서 주체는 어린이이었다.

특히, 몬테소리는 정신지체 어린이를 지원하려는 목적으로 교구를 만들었다. 몬테소리 교구는 정신적 발달과 자아 형성이라는 내적 목적을 갖는 것으로 이를 끌어내는 하나의 촉진적 역할을 하는 보조수단이었다(고후순, 2008). 그 중에서도 몬테소리 감각 교구는 시각, 청각, 후각, 미각, 촉각의 감각기능을 보다 예민하도록 해 사물의 정확히 이해하고 어린이의 정신생활을 넓히기 위해 개발된 교구로, 꼭지원기둥, 분홍탑, 갈색 계단, 색판, 소리 상자 등을 포함한다(우영란, 1993).

몬테소리 교구를 활용하는 유아교육기관에서 교사는 유아에게 몬테소리 교구를 제공해 준다. 유아는 몬테소리 교구를 스스로 가지고 이동하여 활동을 해 나간다. 즉, 교사는 유아에게 몬테소리 교구로 활동을 할 수 있는 환경을 마련해 주며 안내자의 역할을 한다. 이에 따라 교구의 목적에 맞게 활동하려면, 교사는 몬테소리 교육 신념을 바탕으로 하여 교구를 적절하게 활용할 수 있어야 한다. 몬테소리 교사교육이 중요한 이유이다. 몬테소리 교사교육을 실시하는 기관으로는 국제 몬테소리 협회(Association Montessori Internationale)와

미국 몬테소리협회(American Montessori Society)가 있다(권오신, 심성경, 2009). 우리나라는 몬테소리 프로그램을 운영하는 유아교육기관이 있다.

우리나라에서 영유아 교과교재의 역사는 어떨까?

우리나라에서도 교재교구는 발전해 왔다. 시대가 변화하면, 그 사회에서 요구하는 인재상도 달라진다. 이러한 변화에 반응하는 부모의 관심과 요구는 교재교구의 발전을 이끌었다. 예를 들어, 코딩 교육에 관한 관심이 증가하면서 그 교육 대상은 중고등학생에서 초등학생으로 다시 유아로 점점 낮아졌다. 이에 따라 유아기 발달특성을 고려한 유아용 코딩 놀잇감이 개발되었다. 특히, 놀이가 영유아의 발달을 촉진하리라는 부모의 기대나 가정에서 놀이 환경을 제공해 주어야 한다고 보는 부모의 관심으로 교재교구 구입에 적극적인 부모가 늘면서 계속해서 교재교구는 변화하고 있다.

환경의 변화도 교재교구 계발을 촉진했다. 미세먼지, 황사, 폭염 등 이상기온 현상이 나타나고 있다. 해가 거듭될수록 그 정도는 심각해지고 있다. 영유아들은 옛날처럼 밖에서 마음껏 뛰어놀며 시간을 보낼 수 없게 되었다. 자연 파괴가 늘어나면서 영유아가 놀이할 수 있는 숲도 점점 사라지고 있다. 영유아들은 옛날처럼 자연에서 충분히 놀이할 수 없게 되었다. 이러한 환경의 변화로 가정이나 유아교육기관에서 특히, 실내에서 보내는 시간이 점점 늘고 있다. 영유아의 실내 놀이를 지원하기 위한 다양한 교재교구가 필요해졌다.

무엇보다 과학기술의 발전으로, 교재교구 제작에 필요한 여러 가지 자료들도 계발되어 보편화되고 있다. 영유아들이 그림을 그리거나, 접거나, 꾸미기를 할 때 사용하는 색종이만 보더라도 알 수 있다.

양면 색종이	무늬 색종이	스티커 색종이

교사는 색종이에 꽃을 그린 후 오려 상자를 꾸미고 교재교구를 완성했다. 꽃 그림이 있는 무늬 색종이가 나오면서, 이제는 꽃 그림을 그리지 않고도 색종이에 그려진 꽃을 오려 원하는 교재교구를 만들 수 있게 되었다. 때로는 색종이를 오린 다음 풀이나 테이프로 붙여서 교재교구를 만들었다. 스티커 색종이가 나오면서, 풀이나 테이프를 사용하지 않을 수 있게 되었다. 이처럼 과학기술의 발전으로 교재교구를 제작하는 데 걸리는 시간을 줄여주는 새로운 재료와 부품들이 만들어지고 있다.

여러 업체에서는 이러한 변화를 겪으며 영유아들이 사용 가능한 여러 가지 교재교구를 출시했다. 물론 교재교구가 풍부하지 않았던 과거에는 교재교구 없이도 영유아는 즐겁게 놀이했다. 신체를 활용하여 대근육을 사용하는 여러 가지 놀이를 즐겼던 때이다. 영유아는 숨바꼭질, 꼬리잡기, 대문 놀이, 동대문을 열어라, 얼음 땡!, 여우야 여우야, 팔씨름 등을 하며 놀았다.

특별한 놀잇감이 없었던 과거에는 자연물이 가장 좋은 교재교구이었다. 과거에 사용했던 놀잇감과 놀이를 찾아가 본다. 이 과정에서 현재에도 이어지고 있는 놀이와 놀잇감을 탐색해 본다.

✿ 돌멩이로 하는 놀이와 놀잇감

▌공기놀이

작고 둥근 돌멩이 5개를 모든 후, 놀이를 시작한다. 돌멩이 하나를 쥐고 던진 다음 바닥에 있는 돌멩이를 하나씩 잡는다. 한 개, 두 개, 세 개, 네 개로 점점 돌멩이의 개수를 늘리며 잡는다. 다 성공하면 손 등에 돌멩이를 얹고 던져 잡는다. 돌멩이를 주 교재교구로 활용했던 공기놀이는 현대에 이르러 플라스틱 통에 쇠를 넣은 공깃돌을 이용한 놀이로 진행되고 있다.

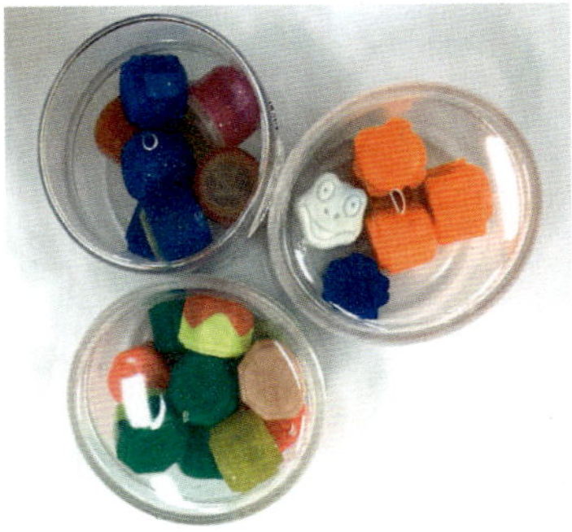

공기 놀잇감

▌땅따먹기

땅따먹기는 돌멩이를 튕겨 하는 놀이이다. 먼저 돌멩이로 자기 집을 동그랗게 그린다. 차례가 되면 자기 집에서 돌멩이를 3번 튕겨 다시 자기 집으로 돌아온다. 그려진 만큼, 땅이 점점 넓어진다. 다른 사람의 땅을 빼앗을 수도 있다. 가장 넓은 땅을 차지하는 사람이 이긴다.

▌비석치기

비석치기는 시작 선에서 일정한 거리에 세워져 있는 상대편의 돌을 발로 차거나 던져서 쓰러뜨리는 놀이이다. 무릎, 어깨 등에 돌을 올려 상대편의 돌을 쓰러뜨리기도 한다. 팀으로 함께 놀이한다.

✿ 풀, 나뭇잎으로 하는 놀이와 놀잇감

▌풀피리

풀피리는 입술에 나뭇잎이나 풀잎을 대고 불어 소리를 내는 놀이이다. 풀의 종류, 풀의 두께, 부는 힘에 따라 풀피리의 소리가 달라진다.

▌풀 줄기 끊기

풀 줄기 끊기는 식물의 줄기로 겨루기를 하는 놀이이다. 줄기를 서로 엉키도록 고리를 건 다음에 동시에 힘을 주어 당긴다. 이때, 줄기가 끊어지게 되면, 겨루기가 끝난다. 물론 줄기가 먼저 끊어지는 사람이 진다.

▌토끼풀 반지 만들기

토끼풀 반지는 2개의 토끼풀을 연결하여 반지를 만든 다음 손가락에 끼우는 놀이이다. 토끼풀 줄기에 작은 구멍을 내고, 이 구멍에 다른 토끼풀을 끼워 반지를 완성한다. 토끼풀로 화관을 만들거나 팔찌를 만들며 놀이할 수도 있다.

✿ 나무로 하는 놀이와 놀잇감

▌산가지

산가지는 여러 개의 나뭇가지로 만든 막대를 이용하여 하는 놀이이다. 산가지는 원래 계산을 돕기 위해 사용했다. 산가지로 탑 쌓기를 하거나 떼어내기 놀이를 할 수 있다.

▌팽이치기

팽이치기는 나무로 만들어진 팽이와 끈으로 만든 채로 하는 놀이이다. 팽이를 채로 계속 치며, 팽이가 넘어지지 않도록 한다. 팽이를 누가 더 오래 돌리는지를 겨룬다. 또는 서로의 팽이끼리 부딪치게 하여 오래 버티면 이긴다.

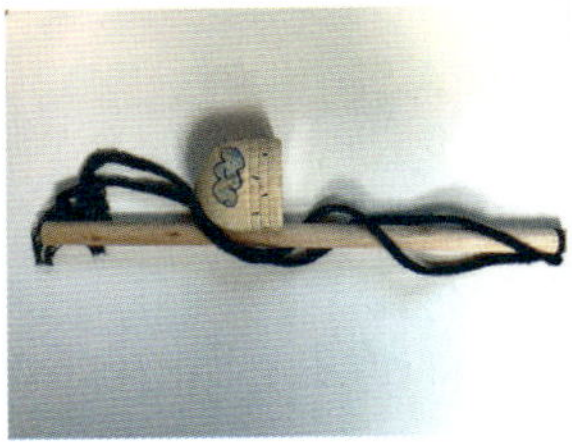		
나무 팽이 놀잇감	나무 팽이 놀잇감	플라스틱 팽이 놀잇감

자치기

자치기는 나무로 만든 두 개의 막대로 진행하는 놀이이다. 작은 구멍을 판 다음 그 위에 작은 막대기를 먼저 올려놓는다. 그다음 긴 막대기로 작은 막대기를 치며 날리는 놀이이다. 멀리 날린 사람이 이긴다.

투호 놀이

투호 놀이는 항아리나 통에 화살을 던져 넣는 놀이이다. 일정한 거리에 항아리를 둔다. 다음 시작 선에서 항아리를 향해 화살을 던진다. 항아리에 화살을 많이 넣은 사람이 이긴다. 이때 사용하는 화살은 나무로 만들어져 있다.

썰매

썰매는 겨울철 얼음판에서 타는 놀이이다. 나무로 만든 썰매를 송곳 스틱으로 밀며 탄다.

✿ 종이를 이용한 놀이와 놀잇감

제기차기

제기차기는 한지와 엽전을 이용하여 만든 제기로 하는 놀이이다. 만든 제기를 발 위에서 계속해서 튕기며 놀이를 진행한다. 제기가 땅에 떨어지지 않고 많이 차면 이긴다. 오늘날에는 비닐로 만든 제기를 사용한다.

제기차기 놀잇감

연날리기

연날리기는 종이, 대나무 가지, 실로 연을 만들어 놀이한다. 종이는 연의 종류에 맞게 모양을 자른다. 연의 종류로 방패연, 가오리연이 있다. 그다음 대나무 살을 가늘게 하여 만든 연 살을 종이에 붙인다. 연 모양에 실을 연결하여 완성한다. 그 후, 밖으로 나가 연을 날린다. 바람을 적절히 이용하며 연을 날려본다. 연을 높이 띄우거나 오래 날리기를 겨루는 연날리기 대회도 있다.

딱지치기

딱지치기는 종이를 접어 만든 딱지를 이용한 놀이이다. 바닥에 놓인 상대방의 딱지를 자신의 딱지로 내려쳐 뒤집으면 딱지를 가져간다. 딱지를 많이 모은 사람이 이긴다. 과거에는 상자, 신문지, 달력으로 만든 딱지를 이용했다. 오늘날에는 색종이, 플라스틱, 고무로 만든 딱지로 놀이한다.

종이 딱지

플라스틱 딱지

▌종이 인형 놀이

종이 인형 놀이는 종이로 된 인형을 오려, 종이 옷을 입히며 하는 놀이이다. 옷뿐 아니라 신발, 머리카락 등을 다양하게 붙이며 인형을 완성한다.

✿ 고무줄을 이용한 놀이와 놀잇감

▌고무줄 놀이

고무줄 놀이는 노래에 맞춘 동작을 하며 고무줄 위로 뛰는 놀이이다. 고무줄은 양쪽에 있는 사람이 잡거나 나무에 묶어서 사용한다. 고무줄은 바닥부터 머리까지 그 높이를 다르게 하며 잡는다.

▌고무줄 모양 놀이

고무줄 모양 놀이는 노란 고무줄로 여러 가지 모양을 만들어 보는 놀이이다. 고무줄로 별을 만들거나 총을 만들어 놀이한다.

✿ 구슬을 이용한 놀이와 놀잇감

▌구슬치기

구슬치기는 유리구슬을 이용한 놀이이다. 세모나 동그라미 안에 구슬을 넣어 놓고, 자신의 구슬을 튕겨서 안에 들어 있는 구슬을 밖으로 내보내며 놀이를 진행한다. 내보낸 구슬의 수가 많은 사람이 이긴다.

구슬

✿ 실을 이용한 놀이와 놀잇감

▌실뜨기

실뜨기는 실 특히, 털실을 이용한 놀이이다. 한 유아가 손과 손을 마주하고, 손가락에 털실을 끼워 모양을 만든다. 그다음에 다른 유아가 손가락을 끼워 다른 모양을 만들어간다. 실이 풀려 더 이상 모양 만들기를 이어갈 수 없을 때, 놀이가 끝난다.

3. 영유아 교과교재의 중요성을 살펴보기

영유아 교과교재가 이토록 오랜 시간 사용되고 발달되어 온 이유는 무엇일까?

영유아 교과에 활용하는 교재교구의 중요성에 있다. 만약 유아교육기관 교실에 교재교구가 없다면 어떨까? 대소집단 활동을 할 때 교재교구가 없어서 언어로만 활동을 진행해야 한다면 어떨까? 이 두 가지 질문으로 교재교구의 중요성을 떠올려볼 수 있다.

첫째, 영유아의 관점에서 교재교구는 영유아에게 놀이와 활동을 하며 흥미를 느끼도록 하여, 더욱 효과적인 배움을 지원한다. 영유아는 원하는 교재교구를 자발적으로 선택한다. 이후 영유아는 교재교구를 이용하여 자신이 생각한 놀이를 주도한다. 머릿속으로 상상한 상황이나 가정은 교재교구라는 구체물을 통해 현실에서 실현되고 재현된다. 유아의 앞에 새로운 자석 블록이 놓여 있다고 상상해 본다.

자석 블록을 만져보고, 붙여보고, 흔들어 보는 유아
얼마 지나지 않아 자석 블록으로 비행기와 공항을 만드는 유아
공항에서 비행기를 날려보며, 비행기 바퀴의 움직임을 살펴보는 유아
다양한 길을 만들어 자석 블록 비행기를 움직여 보는 유아

유아의 놀이는 길, 통로, 여행, 바퀴로 확장한다. 이처럼 유아는 교재교구를 직접 조작하며 놀이한다. 교재교구로 구체적인 경험을 해 나가며, 놀이를 확장한다.

영아기는 감각적 탐색활동을 즐기는 시기이다. 이러한 특징으로 영아는 놀이를 하며 오감을 활용하여 교재교구를 탐색한다. 직접 만져보고, 굴려보

며 사물에 대한 지식을 습득한다. 유아기는 직관적이며 자기중심적인 사고를 하는 시기이다. 이러한 사고의 특징을 보이는 유아는 구체적으로 사물을 조작할 수 있을 때 더욱 흥미를 느끼며 놀이에 참여한다. 여러 가지 감각적 경험을 제공하는 교재교구는 그 자체로 유아의 관심을 유발하며, 흥미를 느낀 유아는 놀이를 지속한다.

교재교구가 영유아의 흥미를 유발하다 보니, 영유아는 놀이에 더욱 몰입한다. 영유아는 쉬지 않고 끊임없이 놀이를 한다. 놀이 과정에서 영유아는 교재교구를 직접 만져보며, 직접 흔들어보고, 직접 세어보고, 직접 비교해본다. 영유아기 사고의 특징을 고려할 때, 교과교재를 활용한 구체적인 경험은 영유아에게 놀이를 시작하고, 실행하고, 확장하도록 지원하며 이는 곧 학습으로 이어진다.

촉감 글자를 따라 손가락으로 적어 보는 영아
실에 끼운 구슬의 수를 세다가 잘못 세었음을 인식하고 다시 수를 세는 유아
한쪽으로 기우는 시소 놀잇감을 보며, 무게 중심을 고려하여 다시 시소를 만드는 유아

구체물을 활용한 배움으로 영유아는 자신의 생각을 표현하고, 더욱 깊이 있게 사고한다. 때로는 오개념을 스스로 수정하며, 일상생활 속의 원리를 배워간다. 이런 이유로 영유아의 배움을 지원하기 위해 여러 가지 교재교구가 제작된다.

둘째, 영유아의 관점에서 교재교구는 전인적 발달을 촉진하는 매개체 역할을 한다. 즉, 교재교구를 활용하여 놀이하고 활동하며 영유아의 신체운동능력, 언어, 인지, 사회정서발달을 이룬다.

영유아는 교재교구로 놀이하며 신체운동능력의 발달을 이룬다. 영유아는 놀이를 하며 대소근육을 사용한다. 전신뿐 아니라 손, 팔, 다리 등의 근육을 이용한 놀이를 통해, 손과 눈의 협응 능력, 근육 조절 능력, 균형 감각이 발달한다. 놀이와 활동 상황을 떠올려본다.

공을 잡고 굴리는 영아
고리를 던져 막대에 끼우는 유아
구슬을 구멍에 넣기 위해 집중하는 유아

공, 고리, 구슬 등 여러 가지 교재교구를 활용한 놀이와 활동을 통해, 영유아는 신체와 더불어 여러 근육을 사용한다. 이는 영유아의 신체운동능력의 발달을 지원한다.

교재교구를 활용한 놀이 과정에서 영유아의 언어발달도 촉진된다. 영유아가 바른 자세로 듣고, 말하며 관례적인 읽기와 쓰기를 하기까지는 구체적인 경험이 필요하다. 상징적인 언어를 구체적 경험 없이 이해하기는 어렵다. 따라서 유아는 그림책, 종이, 사전, 쓰기 도구 등과 같은 교재교구로 듣기, 말하기, 읽기, 쓰기에 관한 놀이를 경험하며 언어발달을 이룬다.

친구의 목소리로 녹음된 이야기를 듣는 영아
우리 엄마 동화책을 읽는 유아
편지지를 만들어 친구에게 한 글자 한 글자 편지를 쓴 후 천천히 읽는 유아

교재교구를 활용한 놀이 과정에서의 의사소통과 상호작용은 영유아의 언어발달을 더욱 촉진한다. 영유아는 교재교구라는 구체물을 통해 언어적 놀이를 즐기며 언어발달을 이룬다.

교재교구를 활용한 놀이는 영유아의 인지발달을 촉진한다. 인지발달은 사물을 명명하고, 사물의 다름을 인식하고, 변별하고, 다른 사물을 결합하는 과정에서 사고하는 능력을 통해 발달한다. 영유아는 놀이 과정에서 교재교구를 활용하여 관찰하고, 비교하고, 분류하고, 측정하고, 실험하며 사물에 관한 개념을 습득할 뿐 아니라 사고력도 발달한다.

선을 연결하여 종이컵으로 만든 전화기로 놀이하는 영아
칠교판으로 동물 모양을 그대로 표현하는 유아
날씨 카드와 옷 입히기 인형으로 날씨에 맞는 옷을 입히는 유아

영유아는 놀이 과정에서 진동을 경험하고, 여러 가지 도구와 기계도 알아간다. 영유아는 자신뿐 아니라 주변 동식물에 관해서도 이해한다. 날씨 변화는 영유아의 일상생활 및 건강과 밀접한 관련을 지니는데, 교재교구를 통해 직접적인 경험을 해 나간다. 이러한 과정은 영유아의 인지발달을 촉진한다.

영유아의 사회·정서발달 또한 교재교구를 활용한 놀이를 통해 이루어진다. 영유아는 교재교구를 나눠주고, 양보하며 놀이한다. 그 과정에서 기쁨이나 슬픔과 같은 정서를 표현한다.

친구와 함께 블록을 위로 세우는 영아
친구와 협력해서 퍼즐을 완성하는 유아
블록이 무너지자 속상해하는 유아

블록을 쌓으려 위로 세우거나 퍼즐을 맞출 때 분담된 역할을 각자 수행하며 조금 더 쉽게 문제를 해결해간다. 또한 교재교구를 표현하는 과정에서 영유아는 긍정적인 정서뿐 아니라 부정적인 정서도 경험한다. 이러한 과정은 영유아의 사회정서발달을 촉진한다.

교재교구는 영유아에게 여러 가지 놀이 경험을 제공하며 이는 영유아의 전인적 발달을 지원한다. 또한 교재교구를 활용한 놀이 속에서 영유아는 통합적 발달을 이룬다.

과일과 채소 그림 카드의 그림이 보이도록 책상 위에 놓는 영아들
돌림판을 돌려, 각각이 시작하는 단어를 찾기 위해 협력하는 유아들
만약 돌림판에서 ㄱ이 나오면, 가지, 고추를 찾는 유아들
단어를 찾은 다음 뒤집어 맞는지 글자를 비교해 보는 유아들

영유아는 교재교구를 활용하여 놀이하는 과정에서 신체운동능력, 언어, 인지, 사회정서의 발달을 이룬다. 이러한 발달은 따로 떼어 생각할 수 없다.

셋째, 교사의 관점에서 교재교구는 영유아의 주의집중을 도와 원활하게 활동을 운영하도록 돕는다. 영유아와 함께 하는 활동을 시작하려는 교사를 생

각해 본다. 활동을 위해 놀이를 중단했던 영유아는 아쉬운 마음을 옆 친구에게 이야기한다. 놀이하며 참았던 화장실을 다녀온 영유아도 있다. 함께 모여 앉아 있지만, 영유아들은 각자의 상황에 놓여 있다. 교사는 영유아들과 함께 인사를 나누기 위해, 함께 동화를 듣기 위해, 함께 동극을 하기 위해 영유아들에게 주의집중 하도록 안내한다. 이때, "선생님을 보세요"라고 이야기하는 것보다 조금 더 적극적인 방법이 있다.

핸드벨로 주의집중을 이끄는 교사
글자카드로 주의집중을 이끄는 교사
궁금이 상자로 주의집중을 이끄는 교사
피아노 연주로 주의집중을 이끄는 교사

교사는 여러 가지 교재교구를 활용하여 영유아의 관심을 집중시킨다. 교재교구로 영유아의 주의집중을 이끈 교사는 다음 활동으로 이어간다.

넷째, 교사의 관점에서 교재교구는 활동을 풍부하고 원만하게 운영하도록 지원한다. 교사는 여러 가지 교재교구를 준비한다. 활동을 진행하는 데 필요한 자료들이다. 이러한 자료가 충분히 마련되면 활동은 더욱 활성화된다. 안전교육을 진행하는 두 명의 교사를 떠 올려본다. 한 명의 교사는 유아에게 교통안전에 관해 말로 설명한다. 신호등을 건너는 방법으로 멈추기-살피기-손을 들고 건너기를 언어로 전달하며 유아에게 따라 말해 보도록 한다. 또 한 명의 교사는 상자로 신호등을 만들고, 띠 테이프로 횡단보도를 구성하여 활동한다. 교사는 신호등 건너는 방법에 관해 시범을 보인 후, 모둠별로 나와서 횡단보도 건너기를 연습해 보도록 한다. 두 명의 교사가 준비한 어떤 활동이 더 잘 이루어질까? 직접 신호등을 구성한 교실에서는 활동을 한 다음, 건너가는 길 노래를 부르며 횡단보도 건너기 놀이를 진행하는 유아의 모습을 볼 수 있다. 이처럼 활동을 할 때 교재교구를 활용하면, 더욱 풍부한 활동을 할 수 있을 뿐 아니라 연계활동도 가능해진다.

교재교구의 중요성은 더욱 세세하게 살펴볼 수도 있다. 스스로에게 교재교구의 중요성을 질문해 보기를 바란다.

4. 영유아 교과교재 연구 및 지도법의 중요성을 떠올리기

왜 영유아 교과교재 연구 및 지도법은 중요할까?

교과교재 연구 및 지도법은 교직을 이수하려는 예비교사들이 수강하는 교과목이다. 이런 이유로 전공에 따라 다르지만, 교사를 꿈꾸는 예비교사는 중국어 교과교재연구 및 지도법, 도덕과 교재연구 및 지도법, 과학과 교재연구 및 지도법, 특수교육 교과교재 연구 및 지도법 등의 강의를 수강한다.

교사는 왜 교재교구를 연구해야 할까? 또한 교사는 어떻게 교재교구로 영유아에게 지도해야 할까? 매일 아침 교사는 영유아가 등원하기 전에 교재교구의 상태 및 배치를 확인한다. 영유아가 놀이를 진행하고 있을 때면, 그 놀이 양상을 관찰한 다음에 필요한 교재교구를 영유아에게 제공해 준다. 하루 일과를 마친 다음에는 영유아의 놀이를 확장하도록 돕는 교재교구를 찾아 제작한다. 이처럼 교사의 하루 일과에서는 교재교구에 관한 연구나 지도를 배제할 수 없다.

교사는 영유아를 위한 교재교구를 평소 연구하며 지도방법을 고민해 보아야 한다. 그 중요성을 몇 가지로 떠올려본다.

첫째, 교사의 교재교구 연구 및 지도법에 관한 지식은 영유아에게 적합한 교재교구를 선정하고, 제공하고 평가하는 데 도움을 준다. 교사가 영유아에게 교재교구를 제공할 때는 여러 가지 조건을 생각해보아야 한다. 영유아의 발달 정도뿐 아니라 현재의 놀이 진행 상황, 흥미, 환경을 고려하여 교재교구를 선정하고 배치해야 한다. 배치한 이후에는 영유아가 교재교구를 활용하는 방법과 정도를 관찰해야 하며, 그 적절성을 평가해 보아야 한다. 매일의 일과 속에서 이루어지는 이러한 과정에 익숙해지고 적극적으로 대처해 나가기 위해서는 교재교구 연구 및 지도법에 관해 알아야 한다.

둘째, 교사의 교재교구 연구 및 지도법에 관한 기술은 영유아의 놀이나 활동을 제때 지원하도록 돕는다. 영유아의 놀이는 계속적으로 변한다. 교사가 제때 영유아에게 교재교구를 지원하지 못할 경우 놀이는 더 이상 확장되지 못한다. 조금 더 빠른 대처가 필요하다. 따라서 교사의 교재교구 연구 및 지도법에 관해 습득한 기술은 영유아가 원하는 놀이 환경이나 교육환경을 마련하는 데 도움을 준다.

셋째, 교사의 교재교구 연구 및 지도법에 관한 태도는 변화하는 교재교구에 관심 가지도록 지원한다. 새로운 교재교구들이 넘쳐나는 시대이다. 교사는 이러한 교재교구에 흥미를 느끼며 찾아보아야 한다. 무조건 새로운 교재교구를 구입하여 사용하라는 의미는 아니다. 시대적 흐름에 맞게 변화하는 교재교구에 관해 관심이 필요한 것이다.

이를 위해서 교사는 교재교구를 직접 연구하며 지도방법을 고민해 본다. 교사가 교재교구에 집중하여 연구해 보는 기회를 가지는 구체적인 방법을 소개한다.

먼저 교재교구 제작이다. 교사가 직접 교재교구를 제작해 본다. 상품화되어 판매되는 교재교구만으로는 영유아의 놀이에 필요한 자료를 모두 충족시킬 수 없다. 때로는 유아교육기관에 있는 재활용품으로 교재교구를 제작해야 한다. 시간이 조금 더 걸릴 수 있으나, 직접 제작해 봄으로써 교재교구를 구입할 때 주의해야 할 점도 알아간다.

또 다른 방법으로 박람회나 전시회 참여하기이다. 유아교육 박람회가 열린다. 이곳에서는 여러 가지 유아교육 제품을 소개한다. 교재교구의 흐름을 파악하는 데 도움을 준다. 만약 직접 갈 수 없다면, 온라인상으로 제공하는 교재교구 전시회를 찾아본다. 교재교구에 관한 새로운 아이디어를 얻게 된다.

이제는 변화하는 교육과정에 맞추어 영유아의 놀이를 지원하기 위한 교사의 역할을 고민해 보아야 할 때이다. 놀이 시간이나 공간뿐 아니라 교재교구에 관해서도 생각을 해야 한다. 교재교구에 관심을 가지고 하나씩 접근을 하다 보면, 교재교구에 관한 지식을 넓히고 기술을 습득하게 될 것이다.

Chapter 02

영유아 교과교재를 분류하기

다람쥐 반 유아들은 쌓기놀이를 좋아한다.
교사는 놀이 확장을 위해서 유아들에게 다양한 종류의 블록을 제공해야겠다고
생각한다. 그래서 교실에 있는 블록을 먼저 정리해 본다.
그 후에는 유치원에서 구입했던 다른 블록도 찾아본다.
유아의 놀이에 필요한 블록이 있다면, 인터넷으로 검색도 해 본다.
그 순간, 교사는 블록의 구입 여부를 고민하게 된다.
여러 가지 블록이 교구장에 가득하지만,
유아들은 또 다른 블록이 필요하다고 말하고 있기 때문이다.

교사는 이 문제를 어떻게 해결해야 할까?

짧은 메모

교재교구는 방대하다. 교사에게 교재교구라는 단어를 듣는 순간, 떠오르는 교재교구의 이름을 말해보도록 요청하자. 교사는 블록, 자동차, 공룡, 인형, 소꿉놀이, 퍼즐, 동화책, 핸드벨 등 무수히 많은 교재교구의 이름을 술술 말한다. 교재교구의 이름을 말하는 데 망설일 필요는 없다. 오히려 교사는 많은 교재교구 중에서 어떤 교재교구부터 말해야 할지를 두고 고민할 뿐이다.

인터넷으로 교재교구를 검색해 보자. 지금은 정보화 시대이다 보니, 전 세계의 영유아들이 사용하는 각양각색의 교재교구를 쉽게 찾아볼 수 있다. 필요하다면, 구입해서 교실에 배치할 수도 있다. 우리가 관심을 기울여 찾아본 교재교구의 양은 그야말로 어마어마하다.

이렇게 많은 교재교구도 몇 가지 기준에 따라서 분류 가능하다. 분류한다는 어떤 기준에 따라 구분해 본다는 의미이다. 분류하기는 유아기부터 가능

하다. 유아는 크기, 색, 모양과 같은 한 가지 기준에 따라 분류하기를 시작한다. 교재교구도 그 특성에 따라 여러 가지 기준으로 분류할 수 있다. 2장에서는 교재교구를 나누는 분류 기준 중에서도 발달 시기, 제작자, 재질, 놀이 주제, 구조화, 제품화를 중심으로 살펴본다.

유아들이 교재교구에 관심을 기울이지 않을 때,
충분히 활용 가능한 교재교구를 구입하고 싶을 때,
더욱 다양한 교재교구를 유아에게 제공하고 싶을 때,

이때는 제시한 분류 기준에 따라 교재교구를 나눠보자. 교사는 넘치거나 반대로 부족한 교재교구를 찾을 수 있을 것이다. 교실에 배치하면 좋을 교재교구를 조금 더 쉽게 찾게 된다. 분류 기준을 참고하여, 유아교육기관에서 활용되는 교재교구를 나눠본다.

1. 발달 시기에 따라 분류하기

어떻게 발달 시기에 따라 교재교구를 분류할 수 있을까?

교재교구는 발달 시기에 따라 구분 가능하다. 발달 시기는 이전이나 이후 시기와 구별되는 발달적 특성을 보이는 때이다. 여기서 말하는 발달적 특성은 신체 · 운동발달, 언어발달, 인지발달, 사회 · 정서발달 측면에서 나타나는 특징을 의미한다. 발달이 양적 · 질적 변화를 의미한다는 점을 고려한다면, 발달 시기는 신체 · 운동, 언어, 인지, 사회 · 정서적 측면에서 보았을 때, 다른 시기와 구별되는 독특한 특징을 찾아볼 수 있다. 따라서 발달 시기에 따른 교재교구의 분류는 크게 영아기와 유아기라는 발달 시기로 나누어 각 각에 적합한 교재교구로 살펴볼 수 있다. 물론 영아기는 신생아기, 영아기, 걸음마기로도 구분 가능하고 유아기는 3세, 4세, 5세에 따라 분류 가능하다. 여기서는 교육과정에 따라 넓은 범위로 접근하여 영아기와 유아기로 구분한다.

교재교구를 적극적으로 활용하기 위해서는 영유아의 관심을 끌어야 한다. 영유아기라는 발달 시기에 적합한 교재교구를 제공하면, 영유아는 호기심을 가지고 교재교구를 능동적으로 탐색한다. 충분한 탐색은 교재교구를 활용한 더욱 적극적인 놀이, 몰입하는 놀이로 이어진다. 만약, 영유아기라는 발달 시기에 적합하지 않은 매우 어려운 교재교구를 제공한다고 생각해 보자. 영유아는 교재교구에 관한 탐색을 시도하지만, 이내 좌절감을 느끼며 더 이상 교재교구로 놀이하지 않는다. 만약, 발달에 적합하지 않은 정말 쉬운 교재교구를 영유아에게 제공한다면, 영유아는 탐색 후 몇 번 정도 놀이를 시도할 뿐이다. 영유아는 금방 교재교구에 싫증을 느껴 더 이상 교재교구를 활용하지 않는다. 따라서 교사는 발달 시기에 적합한 교재교구를 찾아, 영유아에게 맞는 교재교구를 제공해 주어야 한다.

✿ 바로 맞히는 문제 ✿

( )에 들어갈 단어는 무엇일까요?

교사는 4세 유아에게 5조각으로 된 동물 퍼즐을 제공한다. 그러자 유아는 퍼즐에 흥미를 보이며 "선생님, 동생 반에서 해 본 적이 있어요."라고 말한다. 그다음 유아는 "너무 쉬워서 ( )해요."라고 말한 뒤 다른 놀잇감을 찾는다.

영아기와 유아기의 발달적 차이를 이해한다면, 이 시기 활용 가능한 교재교구의 차이를 조금 더 명확하게 파악할 수 있다. 영유아기의 발달적 특성을 살펴본다. 이와 더불어 교재교구의 차이도 생각해 본다.

✿ 신체 · 운동발달과 교재교구

영아기		유아기
서서히 걷는다. 달리기 시작한다. 서툴지만 도구를 사용한다. 대 · 소근육을 사용한다.	신체 운동 발달	자유자재로 걷는다. 다양한 방법으로 달린다. 도구를 능숙하게 사용한다. 대 · 소근육을 정교하게 사용한다.

영아기와 유아기는 신체 · 운동발달에서 확연한 차이를 보인다. 신체 · 운동발달은 점진적으로 진행되지만, 그 변화 과정은 놀라움의 연속이다. 매일 진행되는 신체 · 운동발달을 통해, 영아기는 기본적인 신체 · 운동능력을 습득하게 된다. 유아기는 영아기의 신체 · 운동능력의 발달을 토대로 하여 더욱 정교한 신체 · 운동능력의 발달을 이룬다.

따라서 앉기나 걷기와 같은 기본적인 운동능력을 바탕으로 영아는 자동차를 타고 놀이한다. 유아는 더욱 발달한 운동능력으로 자전거를 타며 놀이한다.

✿ 언어발달과 교재교구

영아기		유아기
주변의 소리에 귀 기울인다. 한 단어, 두 단어로 문장을 말한다. 그림을 읽는다. 끼적이기를 한다.	언어 발달	다양한 소리를 바른 자세로 듣는다. 세 단어로 문법에 맞게 말한다. 문자를 읽는다. 친숙한 글자 쓰기에 관심을 가진다.

영아기와 유아기는 언어발달에서도 큰 차이를 보인다. 영아기는 소리를 듣고, 소리를 흉내 내며 모방한다. 다만, 모국어 발음은 정확하지 않다. 읽기와 쓰기에 있어서는 관례적인 읽기와 쓰기를 하지 못하는 시기에 해당한다. 유아기는 모국어를 매우 빠르게 습득하며 문법에 맞게 말하고, 비교적 정확하게 발음한다. 또한 유아는 비언어적 의사소통보다는 언어적 의사소통을 하게 되어, 생각을 말로 표현한다. 유아기에는 시행착오를 겪지만 관례적 읽기와 쓰기를 시도한다.

이에 따라 영아의 언어발달을 촉진하는 교재교구는 사람, 동물, 교통기관을 주제로 하여 의성어나 의태어를 포함하는 짧은 이야기를 담고 있거나 손가락으로 누르며 감각을 활용할 수 있는 쓰기 자료를 포함한다. 반면, 유아를 위한 교재교구는 기본생활, 사회관계, 자연 등 다양한 주제를 바탕으로 한 긴 이야기로 구성되며, 색연필, 크레파스, 연필 등 여러 가지 쓰기 도구를 포함한다.

✿ 인지발달과 교재교구

영아기		유아기
대상 영속성 개념이 발달한다. 감각 탐색을 즐긴다. 사물의 다름을 인지한다.	인지 발달	자기중심적 사고를 한다. 물활론적 사고를 한다. 사물을 기준에 따라 분류한다.

영아기와 유아기의 발달적 차이는 인지발달에서도 나타난다. 영아기에 비해 유아기는 사물의 특징을 구분하여 명명하며 사물에 관한 개념지식을 넓혀간다. 또한 유아기에는 놀이 속에서 실험을 진행하며 예측하고, 관찰하고, 비교하는 과정을 통해 궁금했던 문제를 해결한다.

이러한 특징으로 영아기는 감각적 경험을 바탕으로 다양한 사물을 직접 탐색할 수 있는 교재교구를 사용한다. 유아기는 다양한 사물을 여러 기준에 따라 분류하며 명명하는 교재교구를 사용한다.

✿ 사회 · 정서발달과 교재교구

영아기		유아기
혼자 또는 주 양육자와 놀이한다. 약속을 배운다. 다름을 인식한다. 정서를 인식한다. 정서를 표현한다.	사회 · 정서 발달	또래와 놀이한다. 약속을 지킨다. 다양성을 존중한다. 정서 표현이 세분화된다. 정서를 조절한다.

영아기를 거쳐 유아기에 이르며 사회 · 정서 발달도 이루어 간다. 영아기는 자아를 인식하기 시작하며 가족, 또래, 지역사회 구성원 등 점점 타인에게 관심을 보인다. 반면 유아기는 타인과 함께 살아가는 데 필요한 사회적 기술을 습득한다. 즉, 유아기에는 배려, 협력, 나눔, 양보와 같은 바람직한 사회적 기술을 경험한다.

이에 따라 영아를 위한 교재교구는 영아와 가장 친밀한 사회에서의 경험, 즉 나, 가족, 어린이집에 관해 다룬다. 유아를 위한 교재교구는 우리 동네, 우리나라, 세계 여러 나라로 확대된다. 또래의 놀잇감을 뺏어서 던졌던 영아도 유아기가 되면 나누며 함께 놀이한다.

살펴본 것처럼, 영아기와 유아기, 즉 발달 시기에 따라 적절한 교재교구를 구분 지을 수 있다. 이러한 분류는 영아와 유아 각각에서 나타나는 발달의 개인차를 반영하기보다는 보편적인 발달 특성에 기반을 둔다. 따라서 발달 시기에 따라 교재교구를 구분하는 것은 가장 기본적으로 이해하되 교사는 발달의 개인차를 고려하여 교재교구를 구비하고 배치할 수 있어야 한다.

✿ 바로 맞히는 문제 ✿

영아기 교재교구는 ○, 유아기 교재교구는 ☆로 표시해 볼까요?		
공	 부드러운 공	 부드러운 야구공
그림책	 헝겊 그림책	 종이 그림책
쓰기 도구	 크레파스	 연필
퍼즐	 6조각 퍼즐	 60조각 퍼즐
소꿉 놀잇감	 천으로 된 소꿉 놀잇감	 플라스틱 된 소꿉 놀잇감

2. 제작자에 따라 분류하기

어떻게 제작자에 따라 교재교구를 분류할 수 있을까?

교재교구를 제작하는 사람은 다양하다. 따라서 누가 교재교구를 만들었는지, 즉 제작자에 따라서도 교재교구를 분류할 수 있다. 흔히들 교재교구 제작자를 유아교육업체에 재직하며 직접 교재교구를 개발하는 데 참여하는 이들이라고 생각한다. 잠시 유아교육기관의 교실을 들여다보며 교재교구 제작자를 천천히 찾아보자. 교재교구 개발자뿐 아니라 교사, 영유아도 교재교구를 만드는 데 참여하고 있음을 발견할 수 있다. 이 외에도 자연적으로 생성된 자연물도 찾아볼 수 있다. 교사, 유아, 개발자 그리고 자연이 만든 교재교구를 중심으로 분류해 보며, 제작된 교재교구의 특징을 장점과 단점에 따라 살펴본다.

✿ 교사 제작자

교사는 교재교구를 만든다. 영유아와 함께 하는 활동이나 영유아의 놀이를 촉진하기 위해서 자발적으로 교재교구를 만드는 교사가 있는가 하면, 유아교육기관에서 진행 예정인 행사를 준비하기 위해 의무적으로 교재교구를 만드는 교사도 있다. 간단하더라도 매일 교재교구를 만들어 준비하는 교사가 있는가 하면, 매주 또는 한 달에 한 번 교재교구를 제작하는 교사도 있다. 따라서 교사가 교재교구를 제작한다고 하더라도 그 동기나 횟수는 모두 다르다. 비슷한 동기나 동일한 재료로 교재교구를 만들더라도 교사에 따라서 제작한 교재교구도 달라진다. 이 외에도 교재교구 제작에 영향을 미치는 요인을 살펴본다.

☑ 교사 요인

- 교재교구 중요성에 대한 교사의 인식
- 교재교구 제작에 대한 교사의 관심
- 교재교구 제작에 대한 교사의 자신감
- 교사의 역할과 업무량

☑ 유아교육기관 요인

- 유아교육기관의 운영 방침
- 유아교육기관 원장의 교육 신념
- 유아교육기관에 비치된 교재교구 제작에 필요한 자원 정도
- 유아교육기관의 하루 일과 운영

그럼에도 교사는 교재교구를 직접 만든다. 교사는 교육적 필요에 따라 교재교구를 직접 제작한다. 교사가 교재교구를 만드는 경우는 대소집단 활동을 할 때이다. 만약 이야기 나누기를 한다고 가정해 보자. 교사는 이야기 나누기에 사용할 실물 자료를 찾거나 그림 자료를 출력한다. 때로는 파워포인트 자료를 준비한다. 이렇게 제작한 이야기 나누기 자료로 영유아는 활동에 더욱 집중하며 참여한다. 영유아는 자료를 통해 이야기 나누기 주제를 더 잘 이해하게 된다. 활동뿐 아니라 영유아의 놀이를 확장해 주고 싶은 교사도 교재교구를 만든다. 특히, 다음과 같은 상황에서 빠른 시간 내에 교재교구를 구성하여 영유아에게 제시한다면, 놀이는 더욱 활기를 띠게 된다.

유아들이 여러 가지 직업 놀이를 즐기고 있다.
다양한 직업 의상을 제공해주어 놀이 확장을 돕고 싶다.
의사, 소방관, 요리사 의상을 구입하기 위해 알아보니,
배송되기까지 2주일이 걸린다고 한다.
그래서 교사는 직접 직업 의상을 만들기로 한다.
각각의 의상을 펠트지로 만들어, 역할놀이 영역에 배치한다.

영유아의 놀이를 지원해 주는 교사라면 영유아에게 충분한 놀이 시간을 제공해야 한다. 놀이 공간을 만들어 주는 것도 중요하다. 이와 함께 교사는 영유아의 놀이에 필요한 교재교구를 제공해 주어야 한다. 영유아의 놀이를 촉진하기 위해 필요한 교재교구가 있어서 구입을 하고 싶지만, 시간과 재정의 문제로 구입할 수 없다면 교사는 직접 교재교구를 만들어야 한다.

영유아에게 바람직한 기본 생활 습관을 형성하도록 지원하고 싶은 교사도 교재교구를 만든다. 양치하는 올바른 방법을 소개하는 그림 자료를 만들어, 화장실에 붙여둔다. 올바른 정리정돈 습관을 지원하기 위한 교사는 물건의 위치를 탐색하여 맞추는 놀잇감도 만든다.

이처럼 교사는 여러 가지 이유로 직접 교재교구를 만든다. 교사가 늘 교재교구를 직접 제작할 수 있어야 하는가에 대해서는 여러 가지 요인에 따라 그 생각을 달리할 수 있지만, 때로는 교사가 직접 만든 교재교구를 유아에게 제공해야 한다. 교사가 교재교구를 만들 때의 장단점을 살펴보며 곰곰이 생각해 본다.

☑ 장점

- 교재교구를 구입할 때보다 비용이 적게 든다.
- 담당 학급의 영유아에게 적합한 교재교구를 만들어, 교재교구의 활용가능성이 높아진다.
- 하나뿐인 교재교구로 독특성이 있다.

☑ 단점

- 교재교구마다 제작하는 데 걸리는 시간이 다르다.
- 교재교구 아이디어, 구상, 제작까지 시간이 소요된다.
- 교재교구를 튼튼하게 제작하기 위한 교사의 노력과 노하우가 필요하다.

교사는 스스로 제작한 교재교구로 놀이하는 영유아를 보며 성취감과 뿌듯함을 느낀다. 또한 교사로 영유아의 활동과 놀이를 지원하기 위한 교재교구의 제작은 교사의 역할 중 하나로 자연스럽게 인식한다. 그럼에도 교재교구를 제작하는 데 부담을 느끼며 제작을 꺼리는 교사도 있다. 그 이유는 교사에게 주어진 많은 업무를 수행하는 데 있어서 시간적인 제약이 따르기 때문이다.

교사가 직접 교재교구를 제작하지 않더라도, 교사는 다양한 방법으로 구입한 교재교구를 교실에 배치한다. 교사는 상품화되어 판매하는 교재교구를 구입하여 배치하는 것이다. 또는 주변에서 쉽게 찾을 수 있는 자료도 사용된다. 이전에 만들어 둔 교재교구를 재사용하는 교사도 있다. 때로는 영유아가 제작에 참여한 교재교구를 적극적으로 활용한다.

교사가 제작한 봄에 피는 꽃

✿ 유아 제작자

유아는 교재교구를 만든다. 영유아의 놀이하는 장면을 관찰해보면 쌓기놀이 영역이나 미술 영역에서 놀잇감을 직접 만드는 유아를 볼 수 있다. 유아가 직접 놀잇감을 구성하는 구체적인 경험을 살펴본다.

- 그림을 오려 모빌을 만드는 유아
- 블록으로 놀이할 자동차를 만드는 유아
- 상자로 팽이를 만드는 유아
- 시장놀이 메뉴판을 직접 쓰는 유아
- 사전을 직접 만드는 유아

유아가 직접 교재교구를 구성하는 경우는 진행 중인 놀이에 필요한 교재교구를 당장 구비할 수 없을 때이다. 이때는 놀이에 필요한 교재교구를 만든다. 교실에 있는 교재교구를 연결하여 구성하는 유아도 있다. 때로는 놀이 활성화를 위해 유아들끼리 아이디어를 내어 교재교구를 만들기도 한다. 이때 유아는 직접 놀이에 필요한 교재교구를 제작하는 데 협동으로 만들어 놀이하기도 한다. 또한 교재교구를 더욱 크게 구성하고 싶을 때에도 교재교구를 만든다. 필요한 자료를 연결하여 더욱 큰 교재교구를 만든다. 유아가 교재교구를 제작할 때의 장단점을 살펴본다.

☑ 장점

- 만든 교재교구에 대해 유아는 만족감과 성취감을 느낀다.
- 필요할 때, 즉각적인 교재교구 제작이 가능하다.
- 제한된 자료를 활용하더라도 창의적인 교재교구가 만들어진다.
- 교재교구를 제작하며 문제해결력이 길러진다.

☑ 단점

- 교재교구가 쉽게 망가질 수 있다.
- 때로는 보관에 어려움이 있다.

이 외에도 교사와 유아가 함께 교재교구를 제작하는 경우가 있다. 예를 들어, 동극에 필요한 교재교구를 만들 때이다. 동극에 필요한 주인공 얼굴은 유아가 직접 그린 그림을 가위로 오려 사용한다. 교사는 오린 주인공 얼굴을 코딩한 다음 머리띠에 붙여 유아에게 제공한다. 교사와 유아는 함께 제작한 동극 머리띠로 즐겁게 놀이한다.

유아 제작 탬버린 놀잇감

✿ 상품화된 교재교구 개발자

상품화하여 판매를 목적으로 교재교구를 만드는 이들이 있다. 바로 교재교구 개발자이다. 이들은 유아교육과 관련한 기업체 소속으로, 유아교육 관련 전공자이거나 유아교육 관련 현장 경력을 가지고 있다. 개발자는 새로운 교재교구를 개발하기 위해 아이디어를 내고, 시안을 만들며, 최종 상품을 출시한다. 교재교구를 개발할 때는 소속된 기업체의 운영 철학이나 방침을 반영한다. 또한 유아교육기관의 요구를 반영하여 기업체에서 필요로 하는 교재교구를 개발한다. 개발되어 판매되는 교재교구를 유아교육기관에서는 구입하여 사용한다. 유아교육기관에서 교재교구를 구입하는 경우는 다음과 같다.

- 학기 초, 교실 환경 구성을 위해서 필요한 교재교구를 구입
- 학기 중, 놀이 주제 변경에 따라 교재교구를 구입
- 학기 중, 행사 진행을 위해 교재교구를 구입
- 학기 중, 유아교육기관 평가를 대비해 교재교구를 구입

유아교육기관에서 구입한 교재교구는 각 반에서 나누어 사용한다. 때로는 영유아의 놀이 상황에 따라 각 반의 교재교구를 번갈아 가며 배치한다. 망가지지 않은 교재교구는 다음 해에도 사용 가능하다. 교재교구 개발자에 의해 상품화되어 판매되는 교재교구의 장단점을 다음과 같다.

☑ 장점

- 견고하게 제작되어 오랜 시간 사용이 가능하다.
- 보관함이 있는 경우라면, 정리정돈 및 장기간 보관이 용이하다.

☑ 단점

- 구입하는 데 비용이 발생하며, 그 범위가 넓다.
- 실물을 직접 보고 구입하지 않은 경우, 크기, 견고함 등이 기대와 다를 수 있다.

교재교구 개발자는 시대적 요구에 민감해야 한다. 교재교구 개발은 정지된 화면이 아니라 끊임없이 변화하는 화면 같기 때문이다. 따라서 교재교구 개발자는 현 시대에서 요구하는 인재상을 반영한 교재교구를 개발하기 위해 끊임없이 연구해야 한다.

✿ 자연

교사, 유아 그리고 개발자가 제작하지 않아도 사용 가능한 교재교구가 있다. 바로 자연 현상으로 생성된 교재교구이다. 날씨나 계절의 변화에 따라 자연스럽게 생겨난 자연물이 교재교구로 사용된다. 우리 주변에서 쉽게 구할 수 있는 자연물은 다음과 같다.

- 나뭇잎
- 나뭇가지
- 꽃
- 풀
- 열매
- 씨
- 돌
- 흙

자연적으로 만들어진 자연물은 영유아의 감각을 자극하는 좋은 교재교구이다. 영유아는 자연물을 탐색하며 즐겁게 놀이한다. 교재교구로 활용 가능한 자연물이 지닌 장점과 단점을 살펴본다.

☑ 장점

- 자연물을 구하는 데 비용이 발생하지 않는다.
- 자연물을 찾는 데 시간이 덜 걸린다.
- 자연스럽게 생태교육이 실시된다.

☑ 단점

• 자연물을 깨끗하게 씻어 관리해야 한다.

이처럼, 자연물도 교재교구로 활용 가능하다. 따라서 교사는 자연의 변화에 관심을 기울이며, 자연물을 적절하게 사용해 본다.

✿ 바로 맞히는 문제 ✿

누가 만든 놀잇감이 더 좋을까요?			
내용	① 교사 제작	② 유아 제작	③ 개발자 제작
– 유아의 흥미를 끄는 퍼즐은 어느 것일까요?	①	②	③
– 견고한 퍼즐은 어느 것일까요?	①	②	③
– 경제적인 퍼즐은 어느 것일까요?	①	②	③
– 오랜 시간 사용 가능한 퍼즐은 어느 것일까요?	①	②	③

3. 재질에 따라 분류하기

어떻게 재질에 따라 교재교구를 분류할 수 있을까?

교재교구는 재질에 따라 분류할 수 있다. 이 분류는 교재교구를 제작할 때 주로 사용하는 재료나 교재교구의 소재에 따라서 나누는 방법이다. 동일한 교육 목적이나 내용으로 만든 교재교구이더라도 만든 재질에 따라서 사용 가능한 연령이 달라진다. 예를 들어, 천으로 만든 자동차와 원목으로 만든 자동차가 있다고 생각해 보자. 영아반에서 사용하기에 적절한 자동차는 무엇일까? 아마도 천으로 된 자동차가 안전하다고 보고, 교사는 이 놀잇감을 선택할 것이다. 선택한 자동차를 가지고 놀이하는 영유아의 모습 또한 달라진다. 예를 들어 천으로 된 자동차는 손가락으로 푹푹 눌러 놀이하지만 원목으로 된 자동차는 손으로 잡아 굴리며 놀이한다.

교재교구의 재질에 따라 놀이 연령 및 활용방법은 달라질 수 있다. 구체적으로 재질에 따라 분류하기에서는 플라스틱 재질, 원목 재질, 실리콘 또는 EVA 재질, 종이 재질, 자석 재질, 천(펠트지) 재질로 나누어 살펴본다.

✿ 플라스틱 재질

많은 일상용품이 플라스틱 재질로 만들어진다. 교재교구도 마찬가지이다. 플라스틱 재질로 된 교재교구가 가장 흔하다. 특히, 상품화되어 판매되는 교재교구는 오랜 시간 플라스틱 재질로 만들어졌다. 우리 주변에서 플라스틱 재질로 된 교재교구를 찾아본다.

- 마이크
- 모래놀이 세트
- 사각 블록
- 소꿉놀이 놀잇감
- 자동차 모형

가드닝 카트

소꿉놀이

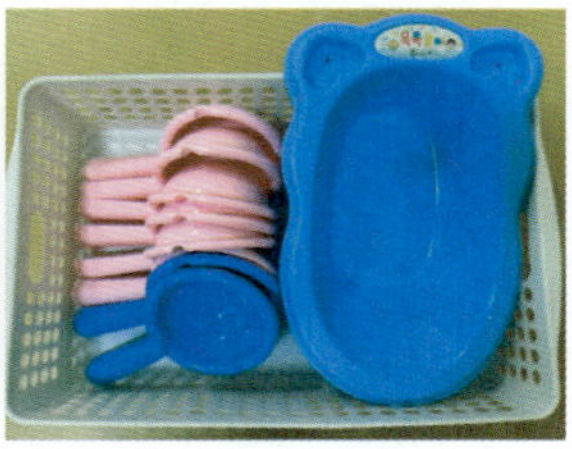

목욕놀이

유아교육기관에서는 오랜 시간 플라스틱 재질로 된 교재교구를 사용해 왔다. 유아교육기관에서 가장 친숙한 플라스틱 재질로 된 교재교구의 장점과 단점을 살펴본다.

☑ 장점

- 원목 재질의 교재교구보다 가볍다.
- 원목이나, EVA 재질로 만든 동일 제품보다 비교적 저렴하다.
- 다른 재질의 교재교구보다 세척이 용이하다.

☑ 단점

- 교재교구가 망가지면, 다시 고쳐 쓰기 어렵다.
- 거친 부분이나 뾰족한 부분이 있을 경우 다칠 위험이 있다.
- 열에 약하다.

플라스틱 재질의 교재교구는 선택의 폭이 매우 넓다. 플라스틱 재질의 교재교구도 견고성이나 색의 아름다움이 다양하기 때문이다. 따라서 교사는 플라스틱 재질로 된 교재교구를 이용하기 위해 적절한 자료를 선택할 수 있어야 한다.

✿ 원목 재질

나무를 소재로 한 원목 교재교구도 늘고 있다. 그 첫째 이유는 아토피 피부염과 같은 영유아기 질환의 증가에 있다. 환경적 요인으로 아토피 피부염이 생겨 힘들어하는 영유아가 늘어나면서 자연스럽게 자연친화적인 환경에 대한 관심이 증가하였다. 원목 재질의 교재교구도 아토피 피부염으로 힘든 영유아에게 조금 더 친환경적인 놀잇감을 제공하려는 사람들의 관심에 따라 증가하였다. 둘째 이유는 견고한 교재교구를 구입하기 바라는 사람들의 요구에 있다. 대소근육이 발달하는 영유아는 힘 조절에 있어서 어려움을 겪기도 한다. 자칫 영유아가 힘으로 꽉 잡은 교재교구는 쉽게 망가진다. 이에 따라 영유아들이 놀이할 때 더 튼튼한 교재교구를 제공하려는 목적으로 원목 재질로 된 교재교구가 늘어났다. 교재교구는 이러한 흐름에서 자연스럽게 원목으로 제작하게 되었다. 상품화되어 판매되는 교재교구뿐 아니라 교사가 직접 제작하는 교재교구 중에도 원목을 사용하는 경우를 찾아볼 수 있다. 구체적으로 원목 재질로 된 교재교구를 살펴본다.

- 가게 놀이 놀잇감
- 글자 도장
- 마라카스
- 유닛 블록

마라카스	케이크	물고기 잡이

원목 재질의 교재교구는 단품에서부터 세트 상품까지 다양하게 찾아볼 수 있다. 이러한 원목 교재교구의 장점과 단점을 알아본다.

☑ 장점

- 단단하다.
- 비교적 오랫동안 사용 가능하다.

☑ 단점

- 다른 재질의 교재교구보다 던졌을 때, 위험하다.
- 놀이 방법이 비교적 정해져 있다.

과거 원목으로 된 교재교구는 원목 그 자체의 색감을 살려 제작되었다. 최

근에는 나무에 여러 가지 색을 입혀 제작되고 있다. 모양에 있어서도 사각형에서 원형, 반곡선 등 다양하게 구성되고 있다.

✿ 실리콘 또는 EVA 재질

실리콘이나 EVA 재질로 된 교재교구도 늘고 있다. 특히, 영아용 교재교구를 생산하거나 제작하는 경우 이들 재료를 사용하는 사례가 늘고 있다. 구체적으로 실리콘이나 EVA 재질로 된 교재교구를 살펴본다.

- 실리콘 동물 몰드
- 실리콘 컵
- EVA 모양 도장
- EVA 손목시계
- EVA 액자

그릇

동물

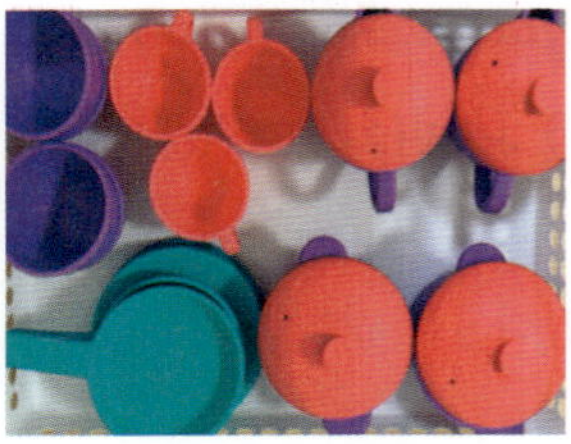
조리도구

실리콘이나 EVA 재질의 교재교구는 상품화되어 제작된 것뿐 아니라 교사가 제작할 때도 사용된다. 교사는 EVA로 모자를 만든다. 여러 가지 동물 가면을 EVA로 만들어 영유아에게 제공하는 교사도 있다. 유아교육기관에서 EVA의 사용이 증가하고 있는 것은 EVA 교재교구의 장점에서 찾아볼 수 있다.

☑ 장점

- 촉감이 부드럽다.

- 무게가 가볍다.
- 두께가 다양하다.

☑ 단점

- 종이에 비해 가격이 비싸다.
- 두께에 따라 제작의 어려움이 있다.

지금도 과학기술의 발전으로 다양한 재료가 개발되고 있다. 이러한 흐름을 고려하면, EVA처럼 앞으로도 영유아가 안전하게 놀이를 지원하는 재료의 개발이 계속될 전망이다.

✿ 종이 재질

종이 재질로 된 교재교구는 재사용 종이를 포함하여 색지, 한지, 색종이, 골판지 등의 종이로 제작된 교재교구를 포함한다. 특히, 교사들이 교재교구를 직접 제작할 때 가장 많이 활용하는 재료에 해당한다. 종이 재질로 된 교재교구는 다음과 같다.

- 동물 단어카드
- 우리나라 지도 퍼즐
- 종이벽돌블록
- 종이접기
- 종이집

색칠하기

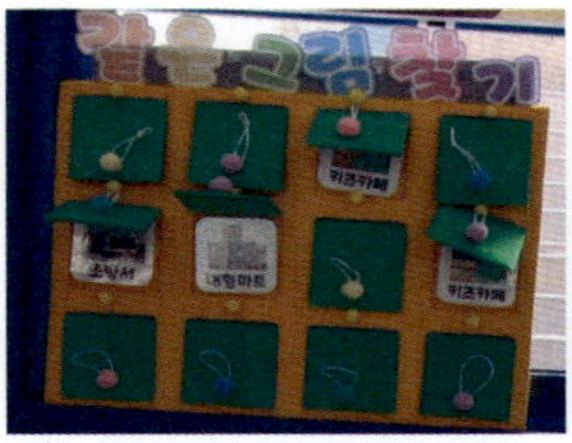

같은 그림 찾기

글자 카드

종이로 되어 있는 교재교구는 입체보다는 평면적 특징을 지닌다. 종이 재질로 된 교재교구의 장점과 단점을 살펴본다.

☑ 장점

- 여러 가지 색과 모양 표현이 가능하다.
- 원하는 크기대로 제작 가능하다.
- 구입하기 용이하다.

☑ 단점

- 물에 약하다(코팅하여 사용한다).
- 힘에 약하다.
- 열에 약하다.

종이로 되어 있는 교재교구는 오랜 시간 유아교육기관에서 사용되어 왔다. 종이 재단기, 종이 코팅기 등의 개발에 따라, 유아교육기관에서 종이로 교재교구를 조금 더 수월하게 만들 수 있는 여건도 마련되었다. 따라서 교사는 필요한 교재교구를 고민하고 쉽게 구할 수 있는 종이로 영유아에게 필요한 교재교구를 제작할 수 있어야 한다.

✿ 자석 재질

자석으로 된 교재교구도 있다. 자력을 경험하는 여러 가지 놀잇감이 제작되어 있다. 구체적으로 자석 재질로 된 교재교구를 살펴본다.

- 자석 글자
- 자석 기차
- 자석 보드
- 자석 블록
- 자석 자동차

자석 자동차	자석 블록	자석 모양

영유아는 자석의 원리를 설명하지 못하더라도, 교재교구로 놀이하는 과정에서 자석의 성질에 관심을 가진다. 신비함을 느낀 영유아는 자석 재질로 된 교재교구로 놀이하며 뗐다 붙였다를 반복하기도 한다. 이러한 자석으로 만들어진 교재교구의 장점과 단점을 살펴본다.

☑ 장점

- 대체적으로 튼튼하다.
- 자력을 자연스럽게 경험한다.

☑ 단점

- 변형이 어렵다.
- 영아의 경우 삼킬 위험이 있다.

✿ 천 또는 펠트지 재질

천이나 펠트지로 되어 있는 교재교구도 찾아볼 수 있다. 천이나 펠트지는 그 자체로 포근한 느낌을 주어 주로 영아가 가지고 놀이하는 데 사용한다. 구체적으로 천 또는 펠트지 재질로 된 교재교구를 살펴본다.

- 천으로 만든 병원놀이자료
- 천으로 만든 촉감책
- 펠트 키재기

- 펠트지로 만든 공
- 펠트지로 만든 동물 손가락 인형

촉감 책	헝겊 자동차	포대기

영유아는 천으로 만든 세계 여러 나라의 옷을 입고 역할놀이를 한다. 때로는 펠트지로 만든 손 인형으로 언어놀이를 한다. 여러 가지 놀이 상황에서 천이나 펠트지로 된 교재교구를 활용하여 영유아는 놀이한다. 이러한 교재교구의 특징은 다음과 같다.

☑ 장점

- 부드럽다.
- 안전하다.

☑ 단점

- 쉽게 뜯어질 수 있다.
- 보풀이 생길 수 있다.

이 외에도 교재교구의 재질은 다양하다. 각각의 장단점을 바탕으로, 개별 영유아에게 적절한 교재교구를 선택해 보도록 한다.

✿ 바로 맞히는 문제 ✿

소꿉놀이 교재교구 중 어떤 재질로 만든 교재교구를 선택해야 할까요?		

플라스틱	원목	천

내용	① 플라스틱	② 원목	③ 천
– 영아에게 적합한 소꿉 놀잇감은 어느 것인가요?	①	②	③
– 유아에게 적합한 소꿉 놀잇감은 어느 것인가요?	①	②	③

4. 놀이주제에 따라 분류하기

어떻게 놀이주제에 따라 교재교구를 분류할 수 있을까?

교재교구는 놀이주제에 따라 분류 가능하다. 물론 영유아는 하나의 교재교구로 다양한 놀이를 진행하기도 한다. 예를 들어 종이벽돌블록으로 동물원을 만들고 병원을 구성하기도 한다. 이처럼 다양하게 구성 가능한 교재교구가 있다. 특정 놀이 주제와 조금 더 긴밀한 관련성을 가지는 교재교구도 찾아볼 수 있다. 영유아들의 놀이 장면을 떠올리며 나와 우리 가족, 동물, 교통기관에 따라 살펴본다.

✿ 나와 우리 가족 놀이 주제

영아는 자신의 이름을 부르면 반응하고 신체를 탐색하며 놀이하기를 즐긴다. 이러한 나에 대한 관심은 점점 가족으로 확대된다. 유아 또한 나와 우리 가족뿐 아니라 우리나라와 세계 여러 나라에 관해서도 관심을 가지고 놀이하기를 즐긴다. 이러한 놀이를 촉진하는 교재교구를 살펴본다.

- 부엌 놀이 세트
- 아기 인형과 아기 띠
- 옷 입히기 퍼즐
- 인체 포스터
- 캠핑 놀이 세트

얼굴 표정	소꿉놀이	조끼

✿ 동물 놀이 주제

동물에 관한 놀이는 매우 이른 시기부터 나타난다. 영아는 동물 이름을 말하고, 동물 소리를 흉내 내며 놀이한다. 유아는 동물을 사는 곳이나 먹이에 따라 분류해본다. 동물 놀이를 주제로 하는 교재교구를 살펴본다.

- 공룡 퍼즐
- 동물 까꿍 놀잇감
- 동물 머리띠

- 동물 모형
- 동물 실 꿰기

동물 모형

동물 너트볼트

물고기 잡이

✿ 교통기관 놀이 주제

영유아는 여러 가지 교통기관에 관심을 보인다. 교통기관의 모양뿐 아니라 소리, 움직임에 관심을 가진다. 항공, 육상, 해상 등 다양한 곳에서 사람과 물건을 옮겨주는 교통기관은 많은 영유아가 흥미를 느끼는 교재교구이다. 구체적으로 교통기관 놀이 주제로 교재교구를 살펴본다.

- 교통 입체 퍼즐
- 교통표지판
- 빌딩 주차 놀이
- 자석 자동차
- 중장비 놀잇감

자동차

핸들

핸들

5. 구조화에 따라 분류하기

어떻게 구조화에 따라 교재교구를 분류할 수 있을까?

교재교구는 구조화에 따라 구분 가능하다. 이는 놀이 방법의 적용 및 변화 가능성을 바탕으로 나눈다. 구체적으로 구조화된 교재교구와 비구조화된 교재교구로 분류하여 살펴본다.

✿ 구조화된 교재교구

구조화된 교재교구는 비교적 정해져 있는 놀이나 활동 방법을 따르는 놀잇감이다. 따라서 영유아는 교재교구의 사용 방법을 인지하여 이에 맞게 놀이한다. 구조화된 교재교구의 예를 살펴본다.

- 구슬 꿰기
- 동화책
- 링 쌓기놀이
- 탬버린
- 퍼즐

이러한 교재교구로 놀이하는 영유아를 보며, 발달 정도를 파악할 수 있다.

✿ 비구조화된 교재교구

비구조화된 교재교구는 놀이나 활동 방법을 영유아가 생각대로 변경 가능한 경우이다. 이 교재교구로 영유아는 원하는 대로 변형하며 놀이할 수 있다. 비구조화된 교재교구의 예를 살펴본다.

- 종이컵
- 색종이
- 실
- 재활용품
- 점토

영유아는 비구조화된 교재교구로 자신의 생각을 창의적으로 표현한다. 다양한 정답이 가능하므로, 영유아는 교재교구로 다양하게 구성할 수 있다.

✿ 바로 맞히는 문제 ✿

구조화된 교재교구는 ○, 비구조화된 교재교구는 ☆로 표시해 볼까요?

	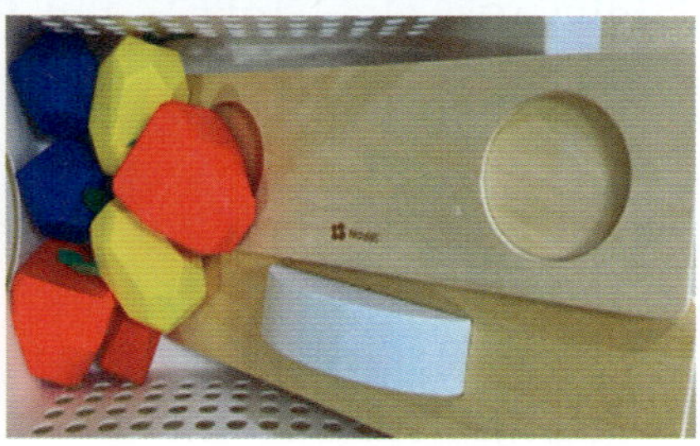
천	모양 퍼즐

마이크	블록

6. 제품화에 따라 분류하기

어떻게 제품화에 따라 교재교구를 분류할 수 있을까?

교재교구는 제품화에 따라 구분해 볼 수 있다. 구체적으로 반제품 교재교구와 완제품 교재교구로 각각에 대해 살펴본다.

✿ 반제품 교재교구

반제품 교재교구는 영유아가 직접적인 참여로 교재교구를 완성해 가는 놀잇감이다. 영유아가 참여하는 방법은 조립하기, 그리기, 쓰기, 붙이기 등이다. 구체적으로 반제품 교재교구를 살펴본다.

- 가방 꾸미기
- 글자 스티커 붙이기
- 시계 만들기
- 얼굴 그리기
- 이름표 꾸미기

영유아는 구입한 반제품 교재교구를 스스로 완성해 간다. 다 완성한 후에는 만든 교재교구를 보며 성취감을 느낀다. 동일한 교재교구더라도 영유아의 생각이나 성향에 따라 완성도는 달라진다.

✿ 완제품 교재교구

완제품 교재교구는 이미 완성한 교재교구를 말한다. 많은 영유아 교재교구는 완제품으로 판매되고 있다.

- 그림책
- 눈꽃송이 블록
- 돋보기
- 인형
- 자동차

완제품 교재교구는 반완제품 교재교구보다 견고하다. 또한 완제품 교재교구더라도 영유아의 상상력에 따라 다양한 놀이가 가능하다.

Chapter 03

영유아 교과교재를 구입하기

2월 말, 코끼리 반 교사는 새 학기를 준비하느라 바쁜 나날을 보내고 있다.
어제는 교실 대청소를 했다.
오늘부터는 교실 환경을 구성하기로 계획한다.
문과 창문의 위치, 햇빛이 드는 방향, 벽의 위치를 고려하여
교실 환경을 하나씩 구성해 간다.
놀이 영역을 고려하여 교구장을 배치한다.
교구장에 채워 넣을 교재교구도 정하여 찾는다.
유아교육기관에 있는 교재교구를 찾아 교구장에 놓아본다.
그러나 교사의 생각만큼, 여러 가지 교재교구로 교구장을 채울 수 없다.
교사는 교재교구를 배치할 또 다른 방법을 고민한다.

교재교구를 마련하는 가장 좋은 방법은 무엇일까?

짧은 메모

유아교육기관에서는 교실에 배치할 교재교구를 구입하기 위해 계획을 세운다. 교사가 직접 교재교구를 제작할 수도 있지만, 교사 회의를 통해 교재교구를 구입하기로 결정한다. 교사의 교육 활동을 지원하고 영유아의 놀이를 촉진하는 교재교구를 찾아 구입하기로 한 것이다.

유아교육기관에서의 교재교구 구입은 정기적 · 비정기적으로 이루어진다. 정기적으로 교재교구를 구입하는 경우는 매해 또는 매달 비슷한 시기에 교재교구를 구입할 때이다. 예를 들어, 유아교육기관에서는 새 학기가 시작되는 3월이 되기 전에 교재교구를 대량으로 구입한다. 유아교육기관 및 각 교

실의 환경을 구성하기 위한 목적으로 교재교구를 구입하게 된다. 이때 구입하는 교재교구의 양은 다른 시기보다 많다. 매해 2월이 되면 교재교구를 구입하거나 분기별 또는 매달 구입하는 유아교육기관도 있다. 교사는 유아교육기관에서 교재교구를 정기적으로 구입하는 시기를 파악하여, 이때 필요한 교재교구를 꼭 구입할 수 있도록 사전에 메모를 해 두면 좋다.

비정기적으로 교재교구를 구입하는 경우는 교육활동이나 행사를 위해 교재교구를 준비해야 할 때이다. 예를 들어, 놀이가 교사의 예상과 달리 물에서 우리나라로 흘러갈 때, 이에 맞는 놀이자료를 영유아에게 제공하기 위한 목적으로 교재교구를 구입한다. 가정연계프로그램으로 부모참여수업을 진행해야 하는 상황에서도 교사는 교재교구를 구입한다. 즉, 비정기적으로 교재교구를 구입할 때는 각 각의 시기에 맞추어 필요한 교재교구를 준비하게 된다. 물론 교육청에서 교재교구 구입비를 지원해 줄 때도 교재교구를 구입할 수 있다.

교재교구를 구입하는 방법은 다양하다. 유아교육기관의 상황과 여건을 고려하여 가장 적절한 교재교구 구입 방법을 선택할 필요성이 있다. 조금 더 자세히 들여다본다.

1. 교재교구의 구입 방법을 알아보기

교재교구를 구입하는 방법은 무엇일까?

교재교구의 구입 방법은 크게 교사가 업체를 직접 방문하여 구입하는 방법, 유아교육기관에 전달된 업체의 교재교구 책자를 보고 주문하여 구입하는 방법, 인터넷 교재교구 업체로 검색하여 구입하는 방법이 있다. 각각의 특징과 장단점을 살펴본다.

✿ 교사가 업체를 직접 방문 구매

필요한 교재교구가 있을 때, 교사는 관련 업체를 직접 방문해 본다. 이러한 업체가 유아교육기관 가까이에 위치해 있다면, 교사는 그 업체를 더욱 수월하게 이용할 수 있다. 업체를 직접 방문한 교사는 교재교구 구입 목록을 참고하여 필요한 교재교구를 찾아본다. 만약, 진열대에서 교재교구를 찾을 수 없다면, 직접 담당자에게 물어 제품의 유무를 확인한다. 직접 방문하여 교재교구를 구입할 때의 장단점을 살펴본다.

☑ 장점

- 교재교구를 직접 확인할 수 있어서 원하는 교재교구를 안심하고 선택할 수 있다.
- 비슷한 종류의 교재교구가 진열되어 있어 직접 비교하며 구입할 수 있다.
- 직접 구매하므로, 교재교구가 필요할 때 비교적 즉시 구입할 수 있다.
- 구입 후, 바로 배송을 진행하여 교재교구를 받는 데 드는 시간을 줄일 수 있다.
- 교재교구가 불량이거나 맞지 않을 때, 교재교구를 교환하는 데 용이하다.

☑ 단점

- 오프라인 공간의 제약으로 필요한 교재교구가 없거나 필요한 양 만큼 구입하지 못하는 경우가 발생할 수 있다.
- 직접 교재교구 업체를 방문하는 데 따르는 시간이 소요될 수 있다.

과거에는 주로 교사가 직접 업체를 방문하여 교재교구를 구입했다. 현 시대에는 인터넷의 발달로 온라인으로 교재교구를 구입하는 경우가 늘고 있다. 간혹, 교재교구를 제작해야 하는 예비교사라면, 오프라인 업체를 방문하여 교재교구를 구입한다. 직접 방문하여 교재교구를 구입할 수 있는 업체는 다음과 같다.

- 교육사
- 보육사
- 문구점

✿ 업체의 교재교구 책자를 보고 주문 구매

유아 교재교구를 판매하는 업체에서는 유아교육 용품을 소개하는 책자를 제작하여 각 유아교육기관에 배부한다. 새로운 교재교구가 나왔거나 새 학기가 시작될 때는 담당자가 직접 책자를 들고 유아교육기관을 방문하기도 한다. 책자에는 유아교육기관에서 사용하는 가방, 도시락과 같은 일상생활 관련 물품뿐 아니라 책상, 의자, 교구장과 같은 사무용품도 포함되어 있다. 또한 영유아의 놀이 유형에 따라 활용 가능한 여러 가지 교재교구가 안내되어 있다. 판매되는 용품이 많다 보니, 책자는 꽤 두껍게 만들어져 있다.

책자를 보면, 교재교구의 사진이 제시되어 있을 뿐 아니라 교재교구의 이름, 크기, 가격도 적혀있다. 업체에서 제공한 책자를 보고 교재교구를 구입하는 과정을 살펴보면 먼저, 원장은 교재교구를 구입할 의사를 교사에게 전달한다. 교사는 제공된 책자를 넘기며 필요한 교재교구를 포스트잇으로 표시한다. 각 반에서 필요한 교재교구를 확인하여 표시를 하고 나면, 중복되는 교재교구를 살펴 필요한 수량을 정한 후 그 이름과 함께 적어 원감 선생님께 전달한다. 책자를 보고 교재교구를 구입할 때의 장단점을 살펴본다.

☑ 장점

- 새로 나온 교재교구를 파악하여 교재교구의 흐름을 알 수 있다.
- 주문서 작성에 따라, 교재교구를 대량으로 구입할 수 있다.
- 교사 간 상의를 통해 조금 더 계획적으로 교재교구를 구입할 수 있다.

☑ 단점

- 교재교구를 구입한 후, 받기까지 시간이 오래 걸릴 수 있다.
- 실물 교재교구는 책자에 제시된 교재교구와 다르게 보일 수 있다.
- 교재교구에 관한 구체적인 설명을 듣기 어려울 수 있다.

✿ 인터넷 교재교구 업체로 검색 구매

교사는 인터넷 업체를 통해 온라인으로 교재교구를 구입한다. 통합포털 사이트에서 교재교구 판매 업체를 검색하거나 자주 활용하는 교재교구 업체를 따로 살펴보기도 한다. 제품명으로 검색하여 구입하는 교사도 있다. 인터넷 업체를 통해 교재교구를 온라인으로 구입할 때의 장단점을 살펴본다.

☑ 장점

- 유아교육기관에서 교재교구를 검색하여 구입할 수 있으므로 이동에 따르는 부담감을 줄일 수 있다.
- 다양한 교재교구를 쉽게 찾을 수 있어서 비슷한 교재교구를 비교하여 구입할 수 있다.
- 교재교구의 가격도 다양해서 비슷한 교재교구 중에서 조금 더 경제적인 교재교구를 구입할 수 있다.
- 교재교구를 먼저 구입한 사람들의 후기를 참고하여, 영유아에게 적합한

교재교구를 선택할 수 있다.

☑ 단점

- 주문한 교재교구를 받는 데 시간이 걸리며, 여러 가지 제품을 신청했을 경우 배송 기간이 더 길어질 수 있다.
- 교재교구의 재질, 견고성, 크기 등이 원했던 교재교구와 다를 수 있다.

교사들은 인터넷 업체를 통해 교재교구를 구입한다. 이러한 교재교구 중에는 완제품도 있지만, 반제품도 있다. 때로는 교사 경력을 가진 판매자가 직접 제작하여 만든 교재교구를 판매하기도 한다. 인터넷 교재교구 업체를 찾아본다.

- 국민서관 쇼핑몰 키드팡
- 꼬망세
- 보육사
- 키드키즈

✿ 바로 맞히는 문제 ✿

상황에 맞게 교재교구를 구입하는 방법은 무엇일까요?

상황 1. 유아가 동물 놀이를 즐기고 있다. 교사는 여러 가지 동물 퍼즐을 제공하여 유아의 놀이를 확장해주고 싶다. 어떤 방법으로 교재교구를 구입해야 할까?

① 업체 직접 방문　② 책자 주문　③ 인터넷 구입

상황 2. 유아가 우주에 관심을 보인다. 교사는 교실 천장을 우주로 꾸밀 수 있는 교재교구를 구입하려고 한다. 어떤 방법으로 교재교구를 구입해야 할까?

① 업체 직접 방문　② 책자 주문　③ 인터넷 구입

2. 교재교구를 구입할 때 고려할 점 살펴보기

교재교구를 구입할 때 고려할 점은 무엇일까?

교재교구를 구입할 때 고려할 점이 있다. 교사는 영유아에게 적합한 교재교구를 제공하여, 영유아의 놀이를 촉진하고 안전한 놀이 환경을 만들기 위해서 여러 가지 요소를 살펴보아야 한다. 교재교구를 구입할 때 고려해야 하는 여덟 가지를 소개한다.

첫째, 교재교구 관리 대장 확인하기와 기록하기

교사는 교재교구를 구입하기 전에 유아교육기관에서의 교재교구 유무를 확인한다. 유아교육기관에 있는 교재교구 대장을 살펴보면 교재교구의 유무를 조금 쉽게 파악할 수 있다. 교재교구 관리 대장에 기록된 정보를 파악하여, 교재교구를 찾아본다. 만약, 교재교구 관리 대장에 기록되어 있지 않다면, 적절한 시기에 교재교구를 구입한다.

교재교구를 구입하면, 교재교구에 관한 정보를 관리 대장에 기록한다. 교재교구 관리 대장은 표로 구성되어 있으며, 다음의 내용을 포함하고 있다.

- 교재교구 명
- 교재교구 사진
- 교재교구 구성
- 교재교구 수량
- 교재교구 놀이 영역
- 교재교구 구입날짜
- 교재교구 폐기날짜

둘째, 영유아의 놀이에 적합한 교재교구를 구입하기

교사가 교재교구를 구입할 때는 현재 교실에서 이루어지고 있는 영유아의 놀이에 적합한 교재교구를 선택해야 한다. 유아교육기관에서는 2019 개정 누리과정에 따라 놀이 중심의 교육과정을 운영하므로, 영유아의 놀이를 지원해 주는 환경을 구성해야 하기 때문이다. 결국 교사가 배치한 놀이에 적합한 교재교구는 영유아의 놀이를 심화·확장하도록 돕는다.

영유아의 놀이에 적합한 교재교구를 구입하려면, 교사는 진행 중인 놀이를 주의 깊게 관찰해야 한다. 관찰해야 하는 놀이 상황은 다음과 같다.

- 현재 진행 중인 놀이 주제는 무엇인가?
- 놀이를 하며, 영유아가 직접 제작한 교재교구는 무엇인가?
- 놀이를 하며, 영유아가 찾는 교재교구는 무엇인가?
- 놀이의 흐름이 어떻게 진행되고 있는가?
- 앞으로 놀이 흐름은 어떻게 진행될 것인가?

셋째, 영유아의 발달에 적합한 교재교구를 구입하기

교재교구는 영유아의 발달에 적합해야 한다. 발달에 적합한 교재교구를 구입하여 제공할 때, 영유아는 교재교구에 호기심을 느낀다. 또한 영유아는 교재교구로 충분히 놀이하는 시간을 가지고, 변경한 놀이를 시도한다. 놀이를 마친 다음에는 정리정돈을 스스로 한다. 발달에 적합하지 않은 교재교구는 너무 어렵거나 쉽게 느껴져, 영유아는 교재교구를 활용하여 놀이를 시도하지 않는다. 영유아의 흥미를 유발하지 않게 된 교재교구는 교실에서 방치된다.

교사는 발달에 적합한 교재교구를 구입하기 위해 영유아의 발달에 관한 지식을 습득해야 한다. 영유아의 신체운동 능력의 발달, 언어발달, 인지발달, 사회·정서발달에 관한 연령별 차이를 교사는 파악하고 있어야 한다. 이를 고려할 때, 교사는 담임 반 영유아들에게 적합한 교재교구를 고를 수 있다. 영유아 발달에 관한 이해를 돕기 위해서는 영유아 발달에 관한 책을 살펴보

자. 각 교재교구에 제시되어 있는 사용 가능한 연령을 참고하는 방법도 있다.

그다음, 교사는 개별 영유아의 발달을 파악해야 한다. 동일한 연령이더라도 발달이 느린 영유아가 있는가 하면, 반대로 발달이 빠른 영유아도 있다. 개별 영유아의 발달에 따라 교재교구에 대한 관심이나 놀이 양상은 달라진다. 따라서 교사는 발달의 개인차를 고려하여 교재교구를 선정하고 구입한다. 보편적인 발달이든, 개인차를 고려한 발달이든 다음의 내용을 살펴본다.

- 영유아의 신체운동능력의 발달을 고려할 때, 조작 가능한 교재교구의 크기와 무게인가?
- 영유아의 언어발달을 고려할 때, 교재교구는 여러 가지 언어적 상호작용을 촉진하는가?
- 영유아의 인지발달을 고려할 때, 교재교구 놀이 방법은 이해 가능한가?
- 영유아의 사회정서발달을 고려할 때, 교재교구는 개별 또는 소그룹으로 놀이를 할 수 있는가?

넷째, 교재교구의 견고성 살펴보기

구입하려는 교재교구는 견고해야 한다. 견고한 교재교구는 오랜 시간 사용 가능하다. 반면 견고하지 않은 교재교구는 망가져 영유아의 놀이 흐름을 방해한다. 교재교구의 견고함은 영유아의 관점에서 고려되어야 한다. 영유아의 대소근육 발달을 고려할 때, 견고해야 한다는 것이다.

단단한 정도를 살펴보기 위해서는 다음을 살펴본다.

- 교재교구는 어떤 재료로 만들었는가?
- 교재교구의 이어지는 부분은 잘 붙어 있는가?
- 놀이 방법에 따라 교재교구를 사용했을 때, 망가지지 않는가?

다섯째, 교재교구의 안전성 살펴보기

교재교구는 안전해야 한다. 영유아의 발달과 건강을 고려하여 안전성을 살펴보아야 한다. 충족해야 하는 안전성의 요건은 다음과 같다.

- 교재교구는 안전한 재질로 만들어졌는가?
- 교재교구의 마감은 깔끔하게 되어 있는가?
- 교재교구는 뾰족한 부분이 없는가?
- 교재교구에서 깨진 부분은 없는가?
- 교재교구를 삼킬 위험이 없는가?
- 교재교구는 위생적으로 관리 가능한가?

여섯째, 교재교구의 보관성 살펴보기

교재교구를 구입할 때는 보관성도 살펴보아야 한다. 놀이를 한 후, 교재교구를 잘 보관해야 그 구성품을 분실하지 않는다. 또한 보관성이 뛰어난 교재교구는 위생적으로 관리 가능하다. 교재교구의 보관성을 살펴보기 위해서는 구입 시 다음을 살펴본다.

- 교재교구 보관함이 따로 있는가?
- 영유아가 교재교구 보관함을 사용하는 데 어려움이 없는가?

일곱째, 교재교구의 경제성 살펴보기

교재교구를 구입할 때는 경제성을 고려해야 한다. 교재교구를 구입하기 위해 유아교육기관에서 사용할 수 있는 예산이 정해져 있기 때문이다. 경제성 있는 교재교구를 구입하고자 할 때, 살펴볼 점은 다음과 같다.

- 교재교구는 예산의 범위에서 구입 가능한가?
- 비슷한 교재교구와 비교했을 때, 그 가격이 적절한가?

여덟째, 교재교구의 편견적 요소 살펴보기

교재교구는 다양한 부분에서 편견적 요소를 담고 있지 않아야 한다. 여기서 말하는 다양한 부분은 문화, 인종, 성별, 능력, 사회계층에 따른 편견적 요소를 말한다. 제시된 질문에 '네'라고 답할 수 있어야 한다.

- 다른 문화에 관한 편견적 요소가 없는 교재교구인가?
- 다양한 인종에 관한 편견적 요소가 없는 교재교구인가?
- 성역할 고정관념이 없는 교재교구인가?
- 장애에 관한 편견이 없는 교재교구인가?
- 사회계층에 관한 편견적 요소가 없는 교재교구인가?

Chapter 04

영유아 교과교재를 제작하기

다람쥐 반 교사와 토끼 반 교사는 동물 카드를 만들기로 한다.
다람쥐 반 교사는 인터넷으로 동물 사진을 찾아본다.
되도록이면 선명한 색깔의 동물 사진을 고른다.
그 중에서도 비슷한 느낌의 동물 사진을 선정한다.
교사는 찾은 동물 사진을 출력한 다음 동물 카드를 완성한다.
이 동물 카드의 앞면에는 동물 사진을 넣고, 뒷면에는 동물 이름을 적는다.
교사는 이 동물 카드를 코팅하고 오려 유아들에게 제시한다.
토끼 반 교사는 인터넷으로 동물 색칠하기 자료를 찾아본다.
교사는 유아가 좋아하는 동물로 그려진 색칠하기 자료를 찾은 다음, 출력한다.
출력한 자료는 미술놀이 영역에 배치하여 관심 있는 유아가 색칠하도록 안내한다.
유아가 색칠한 자료에 시트지를 붙여 동물 카드를 완성한다.
이 동물 카드의 앞면에는 유아가 색칠한 동물 그림을 넣고,
뒷면에는 유아가 직접 쓴 동물 이름을 적는다.

어느 반 유아가 더 즐겁게 동물 카드로 놀이할까?
그 이유는 무엇일까?

짧은 메모

유아교육기관 교실을 들여다보면, 여러 가지 교재교구가 구비되어 있음을 알 수 있다. 대소집단 활동에서 사용했던 교수자료가 게시판에 붙여져 있다. 놀이 지원을 위해 교사가 제공한 교재교구도 각 놀이 영역에 비치되어 있다. 영유아가 놀이하며 직접 만든 교재교구도 창가에 올려 져 있다. 이처럼 교실

은 각양각색의 교재교구로 가득하다.

각 교실에는 보편적인 교재교구와 독특한 교재교구를 찾아볼 수 있다. 예를 들어, 각 교실에서 흔히 볼 수 있는, 즉 보편적인 교재교구로 종이벽돌블록이 있다. 크기와 색이 똑같은 종이벽돌블록이 쌓기놀이 영역에 비치되어 있다. 그 교실에서만 볼 수 있는 독특한 교재교구도 있다. 여러 가지 교재교구 중에서도 각 교실에서 교사나 영유아가 직접 제작한 교재교구는 그 교실에서만 볼 수 있다.

4장에서는 영유아 교과교재 제작하기를 다룬다. 예비교사는 상품화되어 판매되는 교재교구를 구입하여 모의수업을 진행하기보다는 활동이나 놀이에 필요한 교재교구를 직접 제작하여 참여한다. 반면, 유아교육기관에서 교사는 교재교구를 직접 제작하기보다는 구입하여 사용하는 경우가 더 많다. 그럼에도 영유아에게 필요한 교재교구를 제작할 수 있어야 하므로 영유아 교과교재 제작하기에서 조금 더 들여다본다.

1. 교재교구 제작 주체 이해하기

누가 영유아를 위한 교재교구를 제작할까?

영유아를 위한 교재교구를 만드는 사람은 영유아, 교사, 부모이다. 이 중 유아교육기관에서 교재교구를 제작하는 주체는 교사이다. 이에 따라 교사 혼자 제작하는 경우와 교사와 유아가 제작하는 경우로 나눠 살펴본다.

✿ 교사 제작

교사는 교재교구를 제작한다. 교사가 짧은 시간을 들여 단순하고 간단한 교재교구를 제작하든, 긴 시간을 들여 복잡하고 세밀한 교재교구를 제작하든 교사는 교재교구를 만들어 영유아에게 제공한다. 교사의 교재교구 제작은 수업에 필요한 교수 자료와 영유아의 놀이를 지원하는 교재교구로 나눠볼 수 있다. 먼저 교사가 활동에서 사용할 교수 자료를 제작하는 경우이다.

- 이야기 나누기에 필요한 그림 카드 제작
- 동극에 필요한 띠 제작
- 동화에 필요한 앞치마 동화 제작
- 동시에 필요한 동시판 제작
- 게임에 필요한 주사위 제작
- 신체표현에 필요한 동물 탈 제작
- 요리에 필요한 순서도 제작
- 미술활동에 필요한 명화 제작

교수 자료로 활용하기 위해 교재교구를 제작하는 교사는 먼저 활동에 대한 영유아의 흥미를 유발하기 위한 목적으로 교재교구를 만든다. 활동에 필요한 교재교구를 보여줄 때, 영유아는 자연스럽게 활동에 관심을 보이며 흥미를 느낀다. 때로는 교재교구 탐색을 시도한다. 또한 교사는 활동을 원활하게 진행하기 위한 목적으로 교재교구를 만든다. 영유아의 흥미를 이끌면 자연스럽게 활동으로 이어진다. 교재교구를 통해 교사는 영유아와 함께 더욱 즐겁고 몰입하며 활동을 할 수 있게 된다. 만약, 교재교구가 영유아의 흥미를 유발하지 못하거나 활동을 촉진하지 못한다면 이는 영유아에게 부적절한 교재교구일 수 있다.

다음으로 영유아의 놀이를 지원하기 위해 놀잇감을 제작하는 경우이다. 2019 개정 누리과정에 따라 놀이는 유아교육기관의 하루 일과에 있어서 매우 중요한 의미를 지닌다. 교사는 변화된 교육 과정에 따라 놀이를 지원하기 위해서 영유아에게 적절한 놀이 시간과 공간을 제공해 주어야 할 뿐 아니라 놀잇감을 마련해 주어야 한다. 이에 따라 교사는 영유아의 놀이 시작을 돕고, 놀이 촉진과 확장을 지원하는 놀잇감을 교실에 배치해야 한다. 상품화된 놀잇감으로 교실을 가득 채울 수 있으나, 경우에 따라서 교사가 직접 제작한 놀잇감을 배치할 때 더 효율적으로 교실을 운영할 수 있다. 이 효율성은 교재교구의 구입비용을 단순히 절감하는 데 그치는 것이 아니라 진행되고 있는 현재 영유아의 놀이를 적극적으로 지원한다. 영유아는 연속적인 놀이 흐름을 가질 수 있게 되는 것이다. 이에 교사가 영유아의 놀이 지원을 위해 교재교구를 제작하는 경우를 살펴본다.

- 언어놀이에 필요한 글자 카드 제작
- 수조작 놀이에 필요한 게임판 제작
- 과학놀이에 필요한 곡물 관찰 자료 제작
- 미술놀이에 필요한 색종이 접기 순서판 제작
- 음률놀이에 필요한 마라카스 제작
- 역할놀이에 필요한 인형 제작
- 쌓기놀이에 필요한 신호 표지판 제작
- 바깥놀이에 필요한 비눗방울 제작

이처럼 교사는 교수 자료나 놀잇감으로 제공하기 위해 교재교구를 제작한다. 교재교구를 제작하여 영유아와 교재교구, 영유아와 교사의 상호작용을 촉진한다. 이러한 교재교구를 제작할 때는 조금 더 신중해야 한다. 왜냐하면, 기존에 관련된 교재교구가 유아교육기관에 이미 있을 수 있기 때문이다. 이 경우에는 기존 교재교구를 그대로 배치하거나 수정하여 사용하는 것이 오히려 적절하다. 교재교구 제작에 따르는 자원을 절약할 수 있기 때문이다.

또한 교사의 하루 업무 시간은 정해져 있다. 교사는 이 정해진 업무 시간 내에 영유아와 하루 일과를 보내고 영유아의 하원 이후에는 교실 청소를 해야 한다. 그다음에는 교육 일지처럼 필요한 서류를 작성하고 다음날 진행할 활동이나 놀이를 준비해야 한다. 그러다 보니, 매일 새로운 교재교구를 제작하는 것은 교사의 업무 부담을 높인다. 교사는 꼭 필요한 상황에서 최선의 방향으로 교재교구를 제작하도록 한다.

어떻게 영유아 교재교구를 만들어야 할까?

교재교구를 제작하는 순서가 있다. 물론 모든 순서를 순차적으로 거쳐야 하는 것은 아니다. 상황에 따라 그 순서를 건너뛸 수 있다. 기본적으로 교재교구를 제작하는 순서를 살펴본다.

첫째, 교재교구 제작 여부를 정하기

교사는 새로운 교재교구를 영유아들에게 제공해야 할 필요성을 인식했을 때 교재교구를 제작한다. 특히, 영유아가 교사에게 교재교구를 배치해줄 것을 요청하거나 영유아의 놀이가 확장되지 않을 때, 교사는 새로운 교재교구를 영유아에게 제공해야 할 필요성을 고민해 보아야 한다. 만약, 새로운 교재교구를 제공해야 할 필요성을 느낀다면 교재교구를 제작하기에 앞서서 관련된 교재교구를 우선적으로 찾아본다. 그 방향은 다음과 같다.

- 제작하려는 교재교구와 비슷한 교재교구가 있는가?
- 교재교구를 구입하기보다 제작하는 것이 더 적절한가?

• 주변에 재사용할 수 있는 자료가 없는가?

각각의 질문에 대한 답을 찾기 위해 교사는 교재교구실에서 유아교육기관에 있는 교재교구를 먼저 찾아본다. 기존에 있는 교재교구를 사용하면, 시간이나 비용 등 여러 측면에서 이득이기 때문이다. 그다음에는 동료 교사에게 물어본다. 유아교육기관 교재교구실에 보관되어 있던 교재교구를 다른 교실에서 사용하고 있는 경우가 있다. 추후 사용하기 위해 교재교구실을 대신해서 교실에서 따로 보관 중인 교재교구도 있다. 그러므로 동료 교사에게 물어, 교재교구 유무를 파악한다. 또는 교재교구 제작에 관한 저서나 영상을 찾아보는 방법도 있다. 꼭 교재교구를 제작하지 않더라도 대안을 찾을 수 있다. 그 후, 각각의 질문에 대답을 해보며 교재교구의 제작 여부를 결정한다. 교재교구 제작은 시간, 노력, 자원을 필요로 하는 만큼, 교사는 교재교구 제작 여부를 한 번 더 생각해 본다.

둘째, 교재교구 제작 목적을 정하기

제작해야 하는 필요성을 느꼈다면, 교재교구를 제작하기에 앞서 제작하려는 목적을 정한다. 교사는 교수 자료로 활용하기 위해 교재교구를 제작하게 되었을 때, 그 목적을 정할 필요가 있다. 목적을 선정하고 교재교구를 만들게 되면, 원하는 활동을 진행하기 수월해진다.

• 날씨에 관한 이야기 나누기를 촉진하는 교재교구를 제작하고 싶다.
• 모자 장수 이야기를 바탕으로 진행하는 동극에 필요한 교재교구를 제작하고 싶다.
• 멋쟁이 토마토 노래를 개사하여 부르는 데 필요한 교재교구를 제작하고 싶다.

교사는 영유아 놀잇감으로 활용하기 위해 교재교구를 제작할 때도 그 목적을 정해야 한다. 그 목적은 현재 진행 중인 영유아의 놀이와 관련성을 지녀야 한다.

- 여러 가지 직업 쓰기에 흥미를 느끼도록 그림자 글자 교재교구를 제작한다.
- 하루 일과에 따른 시간의 변화를 경험하도록 시계 교재교구를 제작한다.
- 미술작품에 관심을 기울이도록 여러 미술가와 작품 사진을 담은 교재교구를 제작한다.

교재교구를 제작하려는 목적에 따라 교재교구의 구성, 재료, 크기 등이 달라진다. 따라서 교사는 교재교구를 제작하려는 목적을 정한다. 물론, 교사가 제작한 교수 자료나 놀잇감은 그 상황에서만 활용하지 않는다. 의도하지 않은 활동이나 영유아 놀이에서도 교재교구의 사용은 가능하다. 그러나 목적이 명확해질 때, 교사는 교재교구를 제작하며 나타나는 혼란을 줄일 수 있다.

교재교구를 제작하기 위해 그 목적을 정할 때는 되도록 구체적으로 정하는 것이 좋다. 예를 들어 생각해 본다.

- 날씨에 관한 이야기 나누기를 촉진하는 교재교구를 제작하는 목적
  - 여러 가지 날씨에 관심을 가진다.
  - 여러 가지 날씨 변화를 안다.
  - 날씨에 따르는 사람들의 생활 변화에 관심을 기울인다.

제작 목적이 구체적일 때, 교재교구 제작 방향을 결정하는 데 도움이 된다. 목적을 명확히 하지 않은 채 교재교구를 제작하다 보면, 의도했던 교재교구를 제작하지 못하는 결과를 가져온다. 교재교구를 제작한 후 그 목적을 선정하는 것이 아니라 목적에 맞는 교재교구를 제작해야 한다.

셋째, 교재교구 제작 방향을 정하기

교재교구를 제작하기 위한 목적이 설정되면, 구체적으로 교재교구를 제작할 방향을 정한다. 교재교구 제작 방향을 정할 때 포함되어야 하는 내용을 교재교구 제작계획안 표로 살펴보면 다음과 같다.

교재교구 제작 계획안			
교재교구 명			
교재교구 놀이 주제		교재교구 대상 연령	
교재교구 목표			
교재교구 제작 준비물			
교재교구 크기		교재교구 보관 방법	
교재교구 제작방법			
교재교구 활용방법			
교재교구 제작 시 유의점			

✪ 교재교구 명

교재교구 명은 만들려는 교재교구의 이름이다. 영유아들에게 교재교구를 소개할 때, 이름을 말하게 되므로, 교재교구 명은 간단하게 정한다. 교재교구 명을 통해, 그 특성이나 활용방법을 예측해 볼 수 있다.

✪ 교재교구 놀이 주제

교재교구 놀이 주제는 교재교구가 활용되기 적합한 영유아의 놀이 주제를 제시한다. 예를 들어 그림자 놀이 교재교구는 놀이 주제를 빛으로 정할 수 있다. 물론 교재교구 관련 놀이 주제는 가장 밀접한 놀이 주제로 제시하지만, 관련 있는 다른 놀이 주제에서도 활용 가능하다.

✪ 교재교구 대상 연령

교재교구 대상 연령은 교재교구를 활용하기 적절한 연령으로 정한다. 0~5세의 단일 연령으로 제시하거나 혼합연령으로 제시할 수 있다. 상품화되어 제작된 교재교구에서 대상 연령을 개월 수로 표시하게 되므로, 그 차이를 볼 수 있다.

✪ 교재교구 목표

교재교구 목표는 영유아가 교재교구를 활용하여 놀이하였을 때, 경험하게 되는 내용이나 성취해야 할 수준을 제시한다. 2~3가지의 목표를 설정한다.

✪ 교재교구 제작 준비물

교재교구 제작 준비물은 교재교구를 제작할 때 필요한 모든 자료를 제시한다. 준비물의 수가 많다면, 수량도 함께 제시한다.

✪ 교재교구 크기

교재교구 크기는 만들고자 하는 교재교구의 전체 크기를 대략적으로 정한다. 어림잡은 교재교구의 크기를 통해, 교재교구에 들어갈 글자나 그림의 크기를 결정할 수 있다.

✪ 교재교구 보관방법

교재교구를 보관하는 방법은 교재교구 크기, 놀이 기간 등을 고려하여 교재교구 보관방법을 생각해 본다. 지퍼백을 활용하는 경우에도 그 크기를 결정해야 하므로 미리 교재교구 보관방법을 생각해 본다. 경우에 따라서는 교재교구 자체를 보관상자로 활용할 수 있다.

✪ 교재교구 제작방법

교재교구 제작방법은 만드는 순서를 구체적으로 제시한다. 교재교구 제작방법은 교재교구를 만들어 본 적이 없는 교사가 교재교구 제작 계획안을 보고 따라 만들 수 있도록 자세히 안내한다. 교재교구 제작과 관련한 사진을 함께 제시하면 제작에 도움이 된다. 또한 만들어야 하는 부분이 여러 개로 나뉘어 있다면 구분하여 제작 순서를 안내한다. 예를 들어, 게임 자료를 제작할 때는 게임판, 게임 순서 판, 게임말 등의 제작 순서를 나누어 제시한다.

✪ 교재교구 활용방법

교재교구 활용방법은 교재교구로 놀이하는 방법이나 활동하는 방법을 안내한다. 자세한 교육계획안을 작성하는 것과는 달리 전체적인 놀이 흐름을 제시한다. 물론 이외의 방법으로도 활용 가능하다. 영유아의 경우, 안전상의 이유가 아니라면, 활용방법을 변경하여 사용할 수 있다.

✪ 교재교구 제작 시 유의점

교재교구 제작 시 유의점은 교재교구를 만들 때, 유념해야 하는 부분을 말한다. 예를 들어 자석에 붙은 철가루가 나타내는 글자를 이용한 언어놀이 교재교구를 제작했을 때, 철가루를 덮고 있는 판이 두꺼우면 글자가 정확히 나타나지 않는다. 이처럼 본 교재교구를 제작하는데 꼭 알아야 하는 유의점을 제시한다.

물론 제시된 내용 이외에도 누리과정 관련 요소를 포함할 수 있다. 또한 모든 내용을 반드시 포함해야 하는 것도 아니다. 즉, 교재교구 명, 교재교구 대상 연령, 교재교구 목표, 교재교구 제작방법으로 제시할 수도 있다.

넷째, 교재교구 제작에 필요한 준비물을 찾아두기

교재교구 제작을 계획한 다음에는 제작을 위해 준비물을 찾아본다. 교실에 있는 준비물이 있는가 하면, 교재교구 제작실이나 교사실에 보관되어 있는 준비물도 있다. 만약 필요한 준비물이 없다면 다른 자료로 대체하거나 교재교구를 제작하기 전에 미리 구입을 해 둔다.

다섯째, 교재교구를 직접 제작하기

모든 준비가 끝나면, 교사는 교재교구를 직접 제작한다. 제작 순서를 염두하며 단계적으로 제작을 한다. 교재교구를 제작하다 보면, 예기치 않은 상황에 놓일 수 있으므로, 이 경우에도 다른 방법을 찾아 교재교구 제작을 완성한다.

여섯째, 교재교구 제작을 마무리하기

교재교구를 다 만들고 난 다음에는 마무리 부분을 다시 점검한다. 또한 교재교구 제작 계획안이나 교재교구 명을 적은 라벨지를 붙인 보관함에 교재교구를 넣어 보관한다.

교재교구 제작 계획을 세우느라 많은 시간을 소요하거나 교재교구를 제작하기 위해 많은 시간을 보냈다고 해서 매우 좋은 교재교구로 평가되지 않는다. 좋은 교재교구는 주어진 환경에서 영유아의 흥미를 끌 수 있는 교재교구를 제작하는 데 있다.

또한 교재교구를 제작하다 보면, 예기치 않은 상황에 놓인다. 글루건을 사용해도 잘 붙지 않거나 글자를 거꾸로 붙이는 경우도 있다. 이런 경우는 당황하지 않고 다시 구성하는 방법을 고민해 본다. 처음부터 다시 교재교구를 제작하기에 앞서서 지금까지의 상황에 맞는 방법을 선택해야 한다.

✿ 바로 맞히는 문제 ✿

상황에 맞게 누가 교재교구를 제작해야 할까요?

상황 1. 영유아가 여러 가지 교통기관에 관심을 기울이고 있다. 교통기관의 종류를 다양하게 알려주고 싶다. 누가 교재교구를 제작해야 할까?
① 교사 ② 교사와 유아 제작 ③ 구입

상황 2. 유아가 여러 가지 교통기관에 관심을 기울이고 있다. 우리반 유아가 좋아하는 교통기관을 그래프로 조사하기 위한 교재교구를 제작하려 한다. 누가 교재교구를 제작해야 할까?
① 교사 ② 교사와 유아 제작 ③ 구입

✿ 교사와 유아 제작

교사와 유아가 함께 제작하는 교재교구도 있다. 이는 크게 두 가지로 교사와 유아가 함께 교재교구를 계획하여 제작하는 경우와 유아가 교재교구 제작에 부분적으로 참여하는 경우이다.

첫째, 교사와 유아가 함께 교재교구를 제작하는 경우이다.

교사는 교재교구를 제작하기 위해 계획하는 단계에서부터 유아와 함께 이야기 나눈다. 만들고 싶은 교재교구, 만드는 형태 등을 이야기 나누고 역할을 분담한 후 교사와 유아는 교재교구를 제작한다. 교사와 유아는 함께 교재교구를 제작하는 과정에서 즐거움을 느낀다. 예를 살펴본다.

- 교실 놀잇감 영역을 교사와 유아가 함께 만든다.
- 숲속 배경 그림을 교사와 유아가 함께 만든다.
- 글자책을 교사와 유아가 함께 만든다.

둘째, 교사가 주로 교재교구를 제작하고, 유아가 일부 참여하는 경우이다.

교재교구를 제작하기 위한 계획은 교사가 세운다. 교사가 교재교구를 제작해 가는 과정에서 유아들에게 참여하는 기회를 제공한다. 예를 살펴본다.

- 우주 그림 카드를 제작할 때, 유아가 색칠한 그림 자료를 사용한다.
- 놀이 영역 글자를 제작할 때, 유아가 직접 쓴 글자를 사용한다.
- 머리띠를 만들 때 유아가 직접 등장인물을 그림으로 표현한다.
- 유아가 점토로 만든 과일 모형을 시장놀이에 사용한다.
- 유아가 궁금이 상자를 꾸민다.
- 유아가 수집해 온 나뭇잎을 코팅하여 막대 인형을 만든다.

이처럼 교사는 유아가 그린 그림과 글을 코팅하거나 시트지를 붙여 교재교구를 제작할 때 사용한다. 글루건으로 각각의 부분을 붙여 교재교구를 완성한다. 유아가 함께 교재교구를 완성해 갈 때는 유아의 생각을 최대한 존중해 주어야 한다. 또한 교사가 임의대로 유아의 그림이나 글을 수정하지 않아야 한다.

교사와 유아 제작 모빌

2. 교재교구 제작에 필요한 준비물 살펴보기

교재교구를 제작할 때 자주 쓰는 준비물은 무엇일까?
어떻게 준비해야 할까?

교재교구를 제작할 때 교사가 사용하는 재료는 다양하다. 각각을 살펴본다.

✿ 그리기 도구

교재교구를 제작할 때는 여러 가지 그리기 도구를 사용한다. 사용 목적에 따라서 사용하는 그리기 도구가 다르다.

주된 목적	도구
그림이나 글자를 그릴 때	연필, 색연필
세밀한 부분을 표현할 때	연필, 네임펜, 사인펜
은은하게 배경을 표현할 때	파스텔, 크레파스
과학적 원리를 경험할 때	수성, 유성 사인펜

✿ 자르기 도구

자르기 도구는 교재교구를 제작할 때 필수적으로 쓰인다. 자르기 도구는 그 종류가 다양하므로, 교재교구를 제작하는 상황에 맞게 사용한다.

• 가위

가위는 교재교구를 제작할 때 가장 많이 쓰는 자르기 도구이다. 색지를 자를 때, 시트지를 자를 때, 코팅 자료를 자를 때 등 다양한 제작 상황에서 가위를 사용한다. 유아교육기관에서 사용 가능한 가위의 종류는 다양하다. 구체적으로 살펴본다.

- 오른손잡이 가위
- 왼손잡이 가위
- 종이 자르는 가위
- 테이프 자르는 가위
- 핑킹 가위
- 가위와 칼의 기능이 있는 가위

가위의 종류가 다양한 만큼 교사는 상황에 맞게 가위를 선택하여 사용한다. 상황에 맞는 적절한 가위를 선택하여 오릴 때, 교사는 가위를 안전하게 사용할 수 있다. 또한 가위 날의 손상을 막아 오랜 시간 가위를 사용할 수 있다.

교재교구를 제작할 때 사용할 가위를 선택할 때는 교사의 손 크기와 손가락 크기를 고려하여 잡기 쉬운 가위로 한다. 교사의 손에 잘 맞는 가위를 선택해야 쉽게 자를 수 있고, 원하는 방향으로 자를 수 있다. 교사가 가위질을 오래 하더라도 손의 무리를 덜 느끼게 된다. 또한 가위는 얇은 종이뿐 아니라 두꺼운 종이도 잘 자를 수 있을 만큼 절삭력이 좋아야 한다. 가위 날 부분에 코팅을 한 가위는 테이프를 잘랐을 때도 끈끈함을 덜 남긴다.

• 커터 칼

교재교구를 만드는 자료를 자를 때, 교사는 커터 칼을 사용한다. 예를 들어, 모양 카드를 만들기 위해 색지에 동그란 모양을 그린 다음 그 모양 안에 작은 동그라미를 그려 오릴 때나 하드보드지로 주사위를 만들 때도 커터 칼을 사용한다. 커터 칼을 사용할 때는 한 손으로 커터 칼을 잡고 다른 한 손으로 자르려는 종이를 잘 잡아 주어야 원하는 모양대로 자를 수 있다. 또한 칼날이 나아가는 방향으로 손을 두지 않도록 주의해야 한다. 칼날은 적당한 길이만큼만 빼서 사용해야 안전하다. 사용한 칼날은 다 사용한 즉시 다시 넣어 안전하게 보관한다. 교재교구를 제작한 다음에는 영유아의 손에 닿지 않은 곳에 커터 칼을 넣어둔다.

커터 칼을 구입하거나 고를 때는 칼의 몸체 부분이 튼튼한지를 확인한다. 또한 커터 칼을 사용하며 무뎌진 칼날은 쉽게 부러뜨릴 수 있도록 돕는 사선 표시 유무를 살펴본다.

• 재단기

재단기는 종이, 사진, 라벨지 등을 자를 때 사용한다. 재단기의 종류에는 종이 한 장뿐 아니라 여러 장을 동시에 자를 수 있는 재단기를 볼 수 있다. 직선뿐 아니라 곡선으로 자르는 재단기도 있다. 재단 가능한 자료도 재단기에 따라 다르다. 종이만 재단 가능한 경우가 있는가 하면, 다른 재질도 재단할 수 있는 경우도 있다. 재단기 중에 하나인 라운드 커터는 모서리 부분을 둥글게 자를 때 쓰인다.

재단기를 구입하거나 사용할 때는 먼저 재단 가능한 종이의 크기를 고려해야 한다. A4, A3 등 재단 가능한 종이의 크기가 다양하기 때문에, 교사는 재단 목적을 고려하여 적절한 크기의 재단기를 선택한다. 특히, 유아교육기관에서는 A4 종이를 이용하는 경우가 많다는 점을 고려하여 재단기를 선택한다.

또한 교사는 칼날 교체 여부를 확인한 다음에 재단기를 구입한다. 칼날이 무뎌지면, 원하는 대로 재단하기 어렵다. 오랜 시간 사용하기 위해서는 칼날을 교체할 수 있는 재단기를 고른다.

✿ 붙이기 도구

교재교구를 제작할 때는 여러 가지 붙이기 도구를 사용한다. 그림을 덧붙이거나 재료와 재료를 연결할 때도 붙이기 도구가 쓰인다. 여러 가지 붙이기 도구를 살펴본다.

• 풀

풀은 교사와 영유아가 교재교구를 제작할 때 많이 쓰인다. 풀의 종류가 다양해서 골라 사용할 수 있다. 영유아가 많이 사용하는 풀은 딱 풀이며, 교사가 교재교구를 제작할 때는 딱 풀, 목공풀을 쓴다. 이 외에도 눌러서 사용하는 풀 테이프도 있다.

풀을 사용할 때 여러 가지 주의점이 있다. 먼저 풀은 필요한 양 이상으로 칠했을 경우, 손에 묻을 수 있으므로 풀을 한번 눌렀을 때 적당한 양만큼 바를 수 있는지를 확인한다. 또한 풀은 뚜껑을 제대로 닫아 두지 않으면, 딱딱해져서 사용할 수 없다. 그러므로 풀을 사용한 다음에는 바로 뚜껑을 닫아 보관한다.

풀을 구입할 때는 필요한 양만큼 구입한다. 또한 풀의 용량에 따라 크기가 다르므로, 잡고 사용하기 편한 풀을 고른다. 해당 제품이 안전성을 확보했는지도 고려한다.

딱풀(고체 풀)

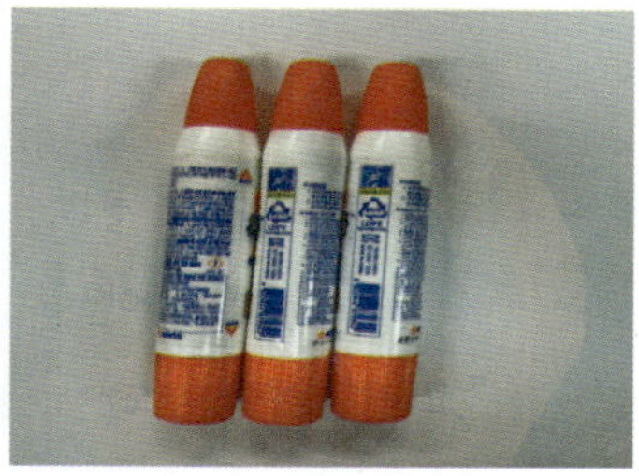

목공풀

• 테이프

교재교구를 제작할 때는 여러 가지 테이프를 사용한다. 교사는 한지를 하드보드지에 붙일 때 테이프를 사용한다. 코팅한 종이를 붙일 때도 테이프를 사용한다. 테이프의 종류에는 투명 테이프, 양면 테이프, 색 테이프, 종이 테이프 등이 있다. 테이프마다 그 폭이 다양하다. 투명 테이프를 제외한 테이프의 색도 다양하다. 따라서 교사는 목적에 맞는 테이프를 선택하여 사용할 수 있다.

교사는 교재교구의 테두리를 마감할 때 색 테이프나 종이 테이프를 사용한다. 유아들은 교재교구 제작 참여 시, 테이프 커트기에 있는 투명 테이프를 사용하기도 한다. 테이프를 구입할 때는 다양한 자료를 잘 붙이는 접착력이 좋은 것으로 정한다.

투명 테이프

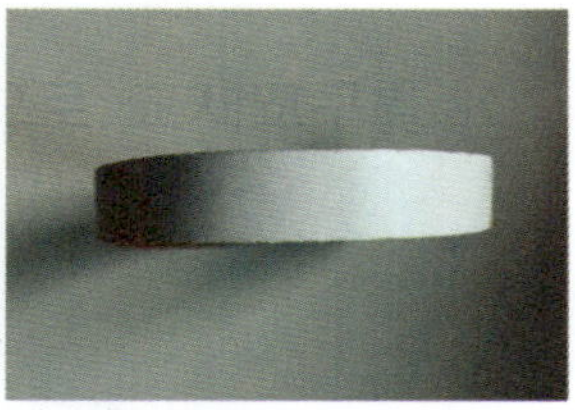

양면 테이프

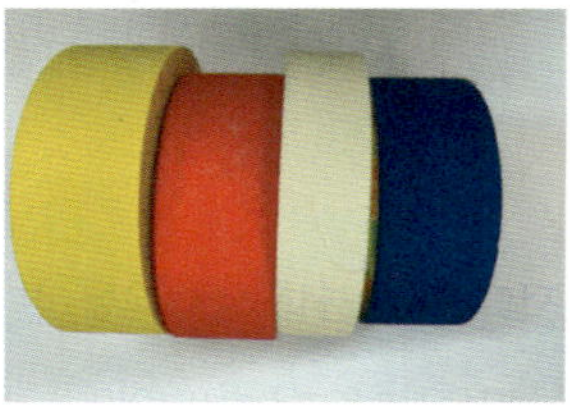

종이 테이프

전기 테이프

• 글루건

글루건은 본체에 끼운 글루스틱을 열에 녹여 사용하는 접착제이다. 글루건의 접착력은 우수하여, 교재교구를 만들 때 두루 사용한다. 펠트지를 상자에 붙일 때, 코팅한 글자를 붙일 때, 손가락 인형의 부분을 완성할 때는 글루건을 사용한다. 글루건은 크기에 따라 대, 중, 소로 나뉜다. 각각의 크기에 따라 굵기가 다른 글루스틱이 사용된다. 흔히들 유선으로 되어 있는 글루건을 사용하지만, 충전해서 사용 가능한 무선 글루건도 있다.

글루건은 올바로 사용해야 한다. 글루건으로 붙이고자 하는 부분은 깨끗한 상태를 유지해야 한다. 그래야 글루건으로 잘 붙일 수 있다. 글루스틱이 녹으면 글루건이 뜨거워지므로 화상을 입지 않도록 주의한다. 또한 방아쇠를 눌러도 녹은 글루스틱이 잘 나오지 않을 때는 다른 글루스틱을 끼워 밀어주어야 한다. 녹은 글루스틱을 바로 사용하지 않으면, 바닥에 떨어지게 되므로 글루건 아래에 종이를 받쳐준다.

만약, 글루건을 구입할 기회가 생긴다면, 사용 목적에 맞는 글루건의 크기를 우선 생각한다. 또한 글루건을 사용하지 않을 때 세워둘 수 있는 받침대가 있는지를 확인한다. 글루건의 방아쇠가 쉽게 당겨지는지도 글루건을 선택할 때 고려해야 한다.

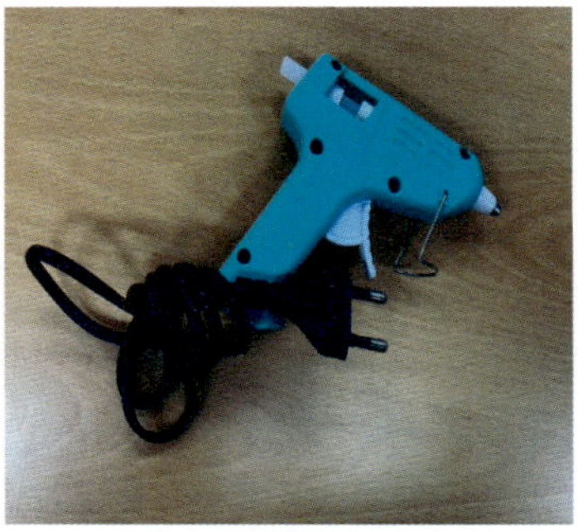

글루건

이 외의 붙이기 자료로는 순간 접착제, 접착 스프레이를 찾아볼 수 있다.

✿ 종이류

교재교구를 제작할 때 쓰이는 종이류도 다양하다. 종이류의 색이 다양할 뿐 아니라 기능도 추가되어 접착력을 가지는 종이류도 있다.

• 색지

색지는 교재교구를 제작할 때 가장 많이 쓰인다. 교사는 색지를 오려 사람, 동물을 만든다. 그림이나 글자를 출력한 다음 색지에 붙이는 경우도 있다. 그림의 배경으로 색지를 덧대기도 한다. 색지의 색상은 매우 다양하다. 빨강, 파랑, 노랑 등의 색상은 기본이며 파스텔 느낌의 색지도 있다. 색지는 다른 종이류에 비해 비용도 저렴하다. 다만, 색지는 종이므로 당연히 물에 닿으면 젖게 된다. 따라서 교재교구를 제작할 때 색지를 쓴다면, 교사는 코팅을 하거나 시트지를 붙여 오랜 시간 사용할 수 있도록 한다.

또한 오래 보관한 색지의 색은 바래진다. 처음에 색지를 구입할 때 본래의 색을 띠는지를 확인해야 하며 되도록 필요한 만큼의 색지를 구입하여 사용한다. 특히, 색지의 테두리 부분의 색 상태를 확인한다. 또한 교재교구를 제작할 때 주로 사용하는 색이 있으므로, 이를 고려하여 구입한다.

색지

• 하드보드지

하드보드지는 색지보다 조금 더 단단한 교재교구를 제작하거나 배경 판을 만들 때 쓰인다. 예를 들어, 교사는 색지를 대신해 하드보드지로 주사위를 만든다. 또한 게임판이나 카드를 제작할 때도 하드보드지를 사용한다. 하드보드지는 백색을 기본으로 하여 분홍, 파랑 등 다양한 색으로 되어 있다. 하드보드지의 두께도 다양하여 적절한 자료를 선택해 교재교구를 제작할 수 있다. 다만, 하드보드지가 두꺼워 잘 접히지 않을 때는 칼집을 내어 사용해야 한다. 하드보드지의 한 면은 매끄럽고 다른 면은 거칠므로, 하드보드지 위에 무언가를 붙이고자 할 때는 부드러운 면을 활용한다. 하드보드지는 가위나 칼로 재단하기 어려우므로, 그 두께를 고려하여 선택해야 한다.

하드보드지

• 펠트지

펠트지는 영아반에서 교재교구를 제작할 때 주로 쓰인다. 즉, 영아 놀잇감으로 동물, 모빌, 촉감판을 만들 때, 교사는 펠트지를 사용한다. 촉감책을 만들 때도 펠트지를 사용한다. 영유아를 위한 교재교구로는 소꿉놀이 자료를 만들 때, 의상을 만들 때 사용한다.

펠트지의 색상은 다양하다. 흰색, 검은색뿐 아니라 하늘색, 연두색 등의 파스텔 느낌의 펠트지와 빨강, 파랑 등의 원색의 펠트지가 있다. 펠트지는 그림이 없는 펠트지를 기본으로 사용하되, 점, 꽃, 별과 같은 무늬가 있는 펠트지도 사용된다. 일반 페트지가 많이 쓰이지만, 접착 펠트지나 펄이 들어간 펠트지도 쓰인다.

펠트지는 종류에 따라 거칠기의 정도가 다르다. 매우 부드러운 펠트지가 있는가 하면, 부직포처럼 거친 느낌의 펠트지도 있다. 따라서 교사는 만들려는 교재교구에 적합한 펠트지를 선택해야 한다. 또한 펠트지로 교재교구를 만들 때는 바느질을 하여 모양을 완성하거나 글루건을 붙여 완성하게 된다. 펠트지의 재질에 따라서 사용 가능한 방법이 다르므로, 이를 고려하여 구입한다.

펠트지

• **색종이**

색종이는 영유아가 참여하는 교재교구를 제작할 때 많이 쓰인다. 교사와 영유아는 색종이를 오려 꾸미거나, 접어서 교재교구를 제작한다. 색종이를 찢어 붙여 교재교구를 제작할 수도 있다. 색종이의 색상은 다양하다. 검정, 파랑, 금색, 은색 색종이도 있다. 색종이의 무늬도 여러 가지이다. 꽃, 모양, 동물 무늬 색종이가 있다. 색종이의 특징도 다양하다. 스티커처럼 접착력이 있는 색종이나 한지 색종이도 있다. 방수 기능을 가진 색종이도 있다. 즉 색종이의 종류로는 단면 색종이, 양면 색종이, 무늬 색종이, 패턴 색종이, 스티커 색종이, 펄 색종이, 한지 색종이, 접착 색종이를 찾아볼 수 있다.

색종이를 구입할 때는 낱장 색종이나 떼서 쓰는 색종이를 선택한다. 교사는 선명한 색의 색종이를 구입해야 한다.

다양한 색종이

• 한지

오랜 시간 전통적으로 사용되어 온 한지도 교재교구를 제작할 때 쓰인다. 특히, 한지는 그 특성으로 전통 놀이, 전통 옷처럼 전통과 관련한 교재교구를 제작할 때 많이 쓰인다. 이 외에도 한지는 놀이 배경판을 만들 때 쓰인다.

한지

물론, 교재교구를 제작할 때는 색지, 하드보드지, 펠트지, 색종이, 한지 이외의 종이도 사용한다. 도화지, 마분지, 메머드지, 구김지, 소포지, 골판지 등도 교재교구를 제작할 때 쓰인다.

✿ 우드락

우드락은 스티로폼을 압축하여 만들어진 재료이다. 우드락은 그림 뒤에 붙여 입체적이고 잡기 쉬운 교재교구를 만들 때, 교재교구 판이 필요할 때, 교재교구의 틀을 정할 때 주로 쓰인다. 다만, 우드락은 하드보드지보다는 약해서 잘 부러질 수 있으므로 힘을 세게 주어 자르지 않아야 한다. 이에 따라 우드락 위에 색지, 한지, 시트지 등을 덧붙여 사용하는 경우도 있다. 우드락과 비슷한 원리로 제작된 폼보드도 있다. 우드락과 폼보드의 색상은 다양하다. 우드락과 폼보드는 칼이나 열선을 사용하여 자른다. 칼보다는 열선을 이용할 때 조금 더 매끄럽게 자를 수 있다.

우드락을 구입할 때는 우드락의 굵기를 우선 결정한다. 또한 우드락 표면에 자국이 남아 있는지를 확인한다.

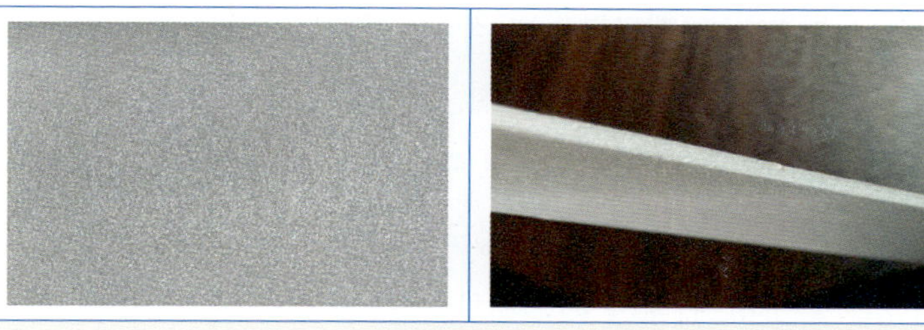

우드락

✿ EVA(에바폼)

EVA는 영아를 위한 교재교구를 제작할 때 많이 사용된다. 퍼즐을 만들 때, 머리띠를 만들 때는 EVA를 쓴다. EVA는 전체적으로 부드러운 느낌을 준다. EVA는 유연하다. 그래서 EVA는 두께에 상관없이 구부려 사용할 수 있다. 얇은 EVA는 주름을 잡아 쓸 수 있다. EVA의 두께와 색상은 다양하다.

EVA

✿ 함석판 또는 고무자석

함석판과 고무자석은 자석을 붙이는 놀잇감을 만들 때, 배경 판으로 사용한다. 함석판은 날카로운 부분이 있으므로, 교재교구를 제작할 때 주의해야 한다. 또한 함석판을 자를 때는 전용 가위를 사용해야 한다.

✿ 시트지

시트지는 그림이나 배경 위에 붙여서 사용한다. 시트지를 붙이면, 물에 덜

젖고, 조금 더 튼튼한 교재교구를 제작할 수 있다. 시트지의 종류로는 투명, 색상, 무늬, 양면 시트지가 있다. 특히, 화이트보드 시트지는 수성펜으로 적었다 지울 때 용이하여, 하드보드지로 만든 글자판에 위에 덧붙여 사용한다. 시트지를 붙일 때는 기포가 생기지 않도록 주의한다. 기포가 생긴 부분은 칼집을 낸다. 잘 붙이기 위해서 시트지로 좁은 면적을 붙일 때는 풀 뚜껑으로 시트지를 눌러주고, 넓은 면적을 붙일 때는 자를 사용한다.

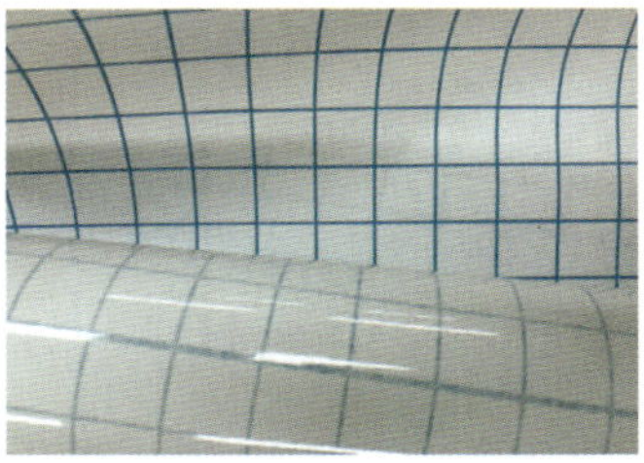

시트지

✿ 끈

끈은 교재교구를 꾸미거나 판의 테두리를 마감할 때 사용한다. 끈의 종류로 지끈, 마끈, 가죽끈, 꽈배기끈, 철끈이 있다. 교재교구를 제작할 때는 끈을 대신해서 리본을 사용하기도 한다.

여러 가지 끈

이 외에도 교재교구를 제작할 때는 다양한 재료가 쓰인다. 기본 틀이나 판을 만들 때 사용하는 재료, 꾸미기를 위해 사용하는 재료 등 여러 가지이다. 골판지, 주름지, 펀치, 찍찍이와 보들이, 백업, 고리, 아이스크림 막대, 라벨지, 아크릴판처럼, 다양한 재료가 사용된다. 따라서 제작된 교재교구를 찾아보며, 만든 재료를 살펴본다. 그다음에는 변경 가능한 재료를 떠올려보며 영유아의 흥미를 유발하고, 견고하며 아름다운 교재교구를 제작하는 방법을 생각해 본다.

골판지

구김지

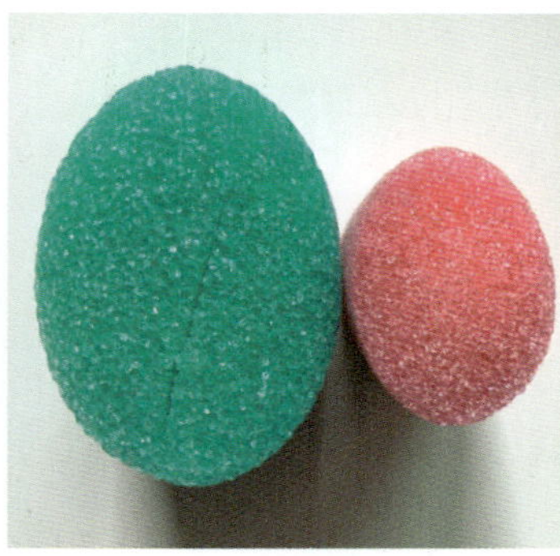

백업

Chapter 05

영유아 교과교재를 제공하기

다람쥐 반 교사와 토끼 반 교사는 유아들에게 제공할 자동차 퍼즐을 준비했다.
다람쥐 반 교사는 월요일 아침 대집단으로 인사를 나눌 때,
유아들에게 새로운 자동차 퍼즐을 소개했다.
평소 자동차를 좋아하던 한 유아는 자동차를 가지고 놀기로 계획했다.
토끼 반 교사는 금요일 오후, 유아들이 모두 하원한 다음
수조작 영역에 새로운 자동차 퍼즐을 놓아두었다.
월요일 아침 놀이를 하며, 자동차 퍼즐을 발견한 유아는 친구들을 모으기 시작했다.
유아들은 모두 모여 함께 자동차 퍼즐을 맞추었다.

다람쥐 반과 토끼 반의 다른 점은 무엇일까?
유아들에게 어떻게 교재교구를 제공해야 할까?

짧은 메모

상품화된 교재교구를 구입했거나 새로운 교재교구를 제작한 교사는 영유아에게 교재교구를 제공하는 시기와 방법을 고민한다. 3월 새로운 학기를 시작할 때는 영유아가 유아교육기관에 입학을 하기 전에 교재교구를 배치해 두어야 한다. 따라서 교사는 교실에 교재교구를 배치하며 환경을 하나씩 구성해 간다. 이 순간에는 영유아에게 교재교구를 제공할 방법을 고민하지 않아도 된다. 완성되어 가는 교실 환경을 보며, 영유아와 함께 교실에서 보낼 날을 기다릴 뿐이다. 새 학기가 시작되면, 영유아는 교실에서 교사가 배치해 둔 교재교구를 탐색하고, 놀이한다.

그러나 교실의 교재교구는 계속해서 바뀐다. 새로운 놀이가 시작되고, 영

유아에게 필요한 경험이 제공되어야 할 때, 교사는 새로운 교재교구를 영유아에게 안내해야 한다. 이 순간 교사는 교재교구를 제공하는 방법을 고민하게 된다. 제공 방법에 따라서, 교재교구에 관한 영유아의 흥미나 관심의 정도가 달라지기 때문이다. 흥미로워 보이는 교재교구는 영유아 놀이에 적극적으로 활용되지만, 그렇지 않은 교재교구는 방치될 뿐이다. 또한 교재교구를 제공하기에 앞서, 사전에 소개하면 좋은 교재교구들이 있다. 예를 들어, 놀이 방법이 복잡하거나 주의점이 있는 경우에는 교사가 미리 교재교구를 소개해야 한다. 교사는 이를 염두에 두며 교재교구를 소개해야 한다.

5장에서는 영유아 교재교구 제공하기에 관해 살펴본다. 교재교구를 제공하기 위한 과정으로 소개하기와 배치하기를 살펴본다. 또한 이후 교재교구를 활용하기 위해 교재교구를 평가하기, 교재교구를 보관하기도 다룬다. 이에 대해 살펴보며, 새로운 교재교구가 주어졌을 때를 떠올리며 영유아에게 제공하는 과정을 상상해 보기를 바란다.

1. 교재교구를 소개하기

영유아에게 어떻게 교재교구를 소개할까?

교사는 영유아의 놀이를 확장하거나 활동을 지원하기 위한 목적으로 새로운 교재교구를 구입한다. 교사는 구입한 교재교구를 영유아에게 소개한다. 교재교구를 소개한다는 것은 영유아에게 교재교구에 관해 자세히 설명함을 말한다.

"코끼리 반 어린이들, 선생님이 새로운 언어 놀잇감을 언어 영역에 두었어요."
"토끼반 어린이들, 이것은 어떤 놀잇감일까요? 동물 단어카드예요.
어떤 놀이를 할 수 있을까요?"

교사는 어떤 방법으로 교재교구를 소개해야 할까? 교재교구를 소개하려는 교사는 교재교구를 소개하는 시간, 교재교구를 소개하는 방법, 교재교구를 소개하는 내용을 고려해야 한다. 각 각을 살펴본다.

✿ 교재교구를 소개하는 시간

교사는 교재교구를 소개하는 시간을 우선적으로 계획한다. 계획에 따라, 교사는 정해진 시간에 유아에게 교재교구를 안내한다. 즉, 새로운 교재교구를 교실에 배치하려면, 유아에게 교재교구를 소개하는 시간이 필요하다. 이러한 교재교구 소개는 대집단 인사 나누기 시간, 자유놀이 시간, 그리고 대소집단 활동 시간에 이루어진다. 상황을 고려하여 교재교구를 소개하는 시간을 살펴본다.

▌대집단 인사 나누기 시간에 놀잇감으로 교재교구를 소개하기

교사는 오전·오후 인사 나누기 시간에 교재교구를 소개한다. 첫째 시간은 오전 대집단 활동 시간에 인사 나누기를 할 때 교사가 교재교구를 유아에게 소개하는 방법이다. 유아들은 등원하고 난 다음에 놀이를 시작한다. 반의 모든 유아가 등원하면 대집단으로 모여 교사와 함께 인사를 나눈다. 이때 교사는 유아와 하루 일과를 살펴보며, 유아의 놀이 계획도 들어본다. 이 과정에서 교사는 유아들에게 새로운 교재교구를 소개한다.

또는 놀이 영역에 미리 배치해 둔 놀잇감으로 놀이한 유아의 이야기를 들으며 새로운 교재교구를 소개한다. 특히, 월~금요일 중에서 월요일, 한 주를 시작하며 새로운 교재교구를 소개하는 경우가 많다.

둘째 시간은 오후 하원 시간에 인사 나누기를 할 때이다. 교사는 대집단으로 모여 오늘 하루 일과를 유아들과 돌아보며 이야기 나눈다. 이때에 다음 날이나 다음 주에 사용할 교재교구를 유아에게 소개한다. 특히, 금요일 오후 하원 하는 시간에 유아들에게 교재교구를 소개하여 주말을 보내고 즐거운 마음으로 유아교육기관에 등원하도록 지원한다.

"오늘은 어떤 놀이를 했나요?
놀이를 하며 아쉬웠던 점은 무엇이었나요?
어떤 놀잇감으로 놀이하고 싶나요?
다음 주 월요일에 놀이할 새로운 놀잇감을 소개할게요.
(중략)
주말을 보내고 오면, 언어 영역에서 즐겁게 놀이해 보기로 해요."

▌자유놀이시간에 놀잇감으로 교재교구를 소개하기

교사는 자유놀이를 하는 유아들에게 새로운 교재교구를 소개한다. 첫째 방법은 대집단으로 안내한 후 소집단 또는 개별로 소개하는 경우이다. 교사는 전체 유아를 대상으로 새로운 교재교구를 가져왔음을 우선 안내한다. 그 다음에는 교재교구에 관해 더 알고 싶다면 해당 영역으로 가서 구체적인 설명을 듣도록 한다. 교사는 교재교구에 관심을 가지고 안내한 영역으로 유아가 오면, 그때 교재교구를 자세히 안내한다.

"선생님이 새로운 교재교구를 가져왔어요.
함께 놀이하고 싶은 어린이들은 언어 영역으로 오세요.
자, 그럼 선생님이 준비해 온 교재교구를 소개할게요."

또 둘째 방법은 바로 소그룹 또는 개별로 교재교구를 소개하는 방법이다. 교재교구를 소개하려는 영역에서 유아들이 이미 놀이를 진행하고 있는 경우에 해당한다. 교사는 유아의 놀이를 관찰하며, 새로운 교재교구를 준비했음을 안내한다.

"언어 영역에서 어떤 놀이를 하고 있나요?
함께 편지 쓰기를 하고 있었군요.
선생님이 언어 영역에 둘 새로운 교재교구를 가지고 왔어요.
관심 있는 어린이들은 함께 볼까요?"

현재 진행 중인 놀이를 확장해 주는 새로운 교재교구를 소개하면, 유아의 관심은 자연스럽게 옮겨진다. 새로운 교재교구에 관한 소개를 마치는 순간 바로 놀이를 시도하는 유아도 있다.

대소집단 활동 시간에 놀잇감으로 교재교구를 소개하기

교사는 대소집단 활동을 하며 교수자료로 교재교구를 활용한다. 이야기 나누기 자료, 동시 자료, 게임 자료 등 다양한 대소집단 활동의 도입이나 전개 부분에서 교재교구를 사용한다. 그 후 교사는 대소집단 활동의 마무리 부분에서 교재교구를 다시 소개한다. 이후에는 유아들에게 교재교구를 제공하여 놀잇감으로 활용하도록 지원한다.

"우리가 평소 사용하는 여러 가지 도구와 기계에 관해 이야기 나누었어요.
이야기 나누기를 하며 사용한 스마트 폰, 노트북 자료는
어떻게 활용하면 좋을까요?

어떤 놀이 영역에 두고 놀이해 볼까요?"

✿ 교재교구를 소개하는 시기

교사가 교재교구를 소개하는 시기는 놀이를 하기 전 소개하기와 놀이를 하고 난 다음 소개하기로 생각해 볼 수 있다. 이처럼 구분하는 것은 놀잇감이 가지는 특성에 있다.

▌놀이를 하기 전 교재교구를 소개하기

교사는 놀이를 하기 전에 유아에게 새로운 교재교구를 미리 소개한다. 교재교구로 놀이를 하는 다음의 경우에는 미리 교재교구를 소개해 준다.

- 교재교구 놀이 방법이 복잡한 경우
- 교재교구 놀이 방법이 추상적인 경우
- 교재교구 놀이 시, 안전상 주의점이 있는 경우

"선생님이 새로운 놀잇감을 준비해 왔어요. 어떤 놀잇감일까요?
세계 여러 나라 음식이라는 동화책이에요.
어제 음식점 놀이를 하며, 다른 나라 음식에 관해
궁금해하는 모습을 보며 준비해 왔어요.
(중략)
이 동화책은 언어영역에서 읽어보기로 해요."

교사가 유아에게 놀이를 시작하기 전에 교재교구를 미리 안내해 준다면, 유아는 그 특성을 파악하고 놀이 방법을 이해하여 놀이를 진행할 수 있다. 때로는 유아와 함께 교재교구를 배치할 위치를 정해 유아의 놀이 및 정리정돈을 돕는다.

놀이한 후 교재교구를 소개하기

교사는 유아가 교재교구로 놀이를 한 다음에 교재교구를 소개한다. 즉, 교사는 교재교구를 미리 놀이 영역에 배치해 준 다음, 유아가 놀이 과정에서 자연스럽게 교재교구를 접하도록 한다. 그다음, 대소집단 활동을 하며, 교실에 새로 배치된 교재교구에 관해 이야기 나눈다.

"우리 반에 새로운 놀잇감이 수조작 영역에 있었어요.
어떤 놀잇감이었을까요?
그래요. 구슬꿰기였어요.
구슬꿰기로 어떤 놀이를 해 보았는지 친구들에게 소개해 볼까요?
구슬꿰기로 또 어떤 놀이를 할 수 있을까요?
놀이한 다음에는 어떻게 정리해야 할까요?"

유아는 놀이를 하며 새로운 교재교구를 발견하고 기뻐한다. 또한 유아는 교재교구를 탐색하며 놀이 방법을 찾고 정해진 놀이 방식을 따르기보다 다양한 놀이를 시도한다.

✿ 교재교구를 소개하는 내용

교사가 교재교구를 유아에게 소개할 때, 다루어야 하는 내용이 있다. 소개해야 하는 구체적인 내용을 살펴본다.

- **교재교구 명**: 교사는 유아에게 교재교구 이름을 알려준다. 이 이름을 통해, 교사와 유아의 상호작용도 일어난다.

"선생님, 씨앗 관찰 놀잇감 어디에 있어요?"
"선생님, 우주는 넓어요 그림책이 왜 과학영역에 있어요?"

- **교재교구 특징**: 교사는 유아와 교재교구의 특징을 살펴본다. 교재교구의 색, 모양, 크기, 그림, 재질, 글자, 숫자 등을 살펴본다.

• **교재교구 놀이방법**: 교사는 유아에게 교재교구로 놀이하는 방법을 소개한다. 교사 주도로 소개를 하기 전에, 교사는 유아에게 놀이 방법을 생각해 보도록 안내한다. 그다음 교사는 유아에게 놀이 방법을 알려준다. 안내 방법을 함께 이야기 나눈 다음 활용 가능한 다른 놀이 방법도 이야기 나눈다. 즉, 유아는 여러 가지 방법으로 교재교구를 활용하여 놀이할 수 있다.

• **교재교구 사용 시 주의점**: 교사와 유아는 교재교구를 사용할 때 주의해야 할 점을 이야기 나눈다. 안전과 관련된 문제에 관해서는 당부하며 안내한다.

• **교재교구 배치 영역**: 교사는 유아에게 교재교구를 배치할 영역을 안내한다. 교사는 유아와 함께 배치 영역을 정할 수 있다.

"이 놀잇감의 이름은 교통표지판이에요.
함께 말해 볼까요? 교통표지판!
교통표지판은 어떤 모양인가요?
교통표지판에 어떤 그림이 있나요?
교통표지판으로 어떤 놀이를 할 수 있을까요?
교통표지판으로 어떻게 놀이해야 할까요?
교통표지판으로 놀이할 때, 주의해야 할 점은 무엇일까요?
교통표지판은 어떤 놀이 영역에 배치할까요?"

2. 교재교구를 배치하기

교재교구는 어디에 배치해야 할까?

영유아에게 교재교구를 소개한 다음, 교사는 교재교구를 배치한다. 교재교구 배치는 교재교구를 놀이에서 활용하도록 해당 위치에 놓는다는 의미이다. 교재교구를 배치할 때 고려해 보아야 하는 교재교구를 배치하는 시기, 교재교구를 배치하는 위치에 관해 생각해 본다.

✿ 교재교구를 배치하는 시기

교재교구를 놀이 영역에 배치하는 시기는 두 가지이다. 즉, 교사는 유아에게 교재교구를 소개한 다음 바로 배치하거나 시간이 지난 후 배치하는 경우이다. 각각을 살펴본다.

▌교재교구를 소개한 다음 바로 배치하기

교사는 유아에게 교재교구를 소개한 다음 배치에 관해서 이야기를 나눈다. 이때는 배치하는 위치뿐 아니라 배치하는 시기도 안내한다. 교재교구를 소개한 다음 바로 배치를 하게 될 때, 흥미를 보이는 유아는 놀이에 참여하게 된다.

"자, 그럼 자유놀이를 하기로 해요.
이 놀잇감은 언어 영역에 있는 책꽂이에 둘게요.
놀이하고 싶은 어린이들은 동화책을 읽어보세요."

▌교재교구를 소개한 다음 시간이 지나 배치하기

교사는 교재교구를 소개한 다음 바로 해당 영역에 배치하지 않고 며칠 지난 후 배치할 수 있다. 특히, 오후 시간에 교재교구를 소개한 경우에는 다음

날이나 다음 주에 배치할 수 있다.

"이 놀잇감은 다음 주 월요일에 언어 영역에 배치해 둘게요."

✿ 교재교구를 배치하는 위치

교사는 유아의 놀이를 지원하기 위해 교재교구를 배치한다. 따라서 배치하는 위치는 교재교구로 놀이를 하고 싶은 유아의 접근 가능성을 높이는 곳이어야 한다. 이때는 교사가 정하거나 교사와 유아가 함께 그 위치를 정할 수 있다.

▌교사가 교재교구를 배치하는 위치를 정하기

교사가 배치하는 위치를 정하는 경우는 교재교구의 특성을 고려하여, 가장 연계성 있는 놀이 영역으로 그 위치를 정한다. 그 놀이 영역은 교재교구를 떠올렸을 때, 쉽게 찾을 수 있는 공간이어야 한다.

"이 핸드벨은 음률 영역에 둘게요.
음률 영역 교구장의 제일 위 칸에서 볼 수 있어요."

▌교사와 유아가 교재교구를 배치하는 위치를 정하기

교사와 유아가 교재교구를 배치할 위치를 함께 정할 수 있다. 교사는 교재교구를 배치할 위치를 유아에게 물어, 함께 정해본다. 교재교구를 배치하는 위치를 함께 정하게 되어, 유아들을 위한 놀이 환경을 구성해 간다.

"이 핸드벨은 어느 놀이 영역에 둘까요?
다른 영역에 둔다면, 어떤 놀이 영역이 좋을까요?"

3. 교재교구를 평가하기

교재교구도 평가를 할까?

유아교육에서는 영유아, 교사, 프로그램에 관한 평가가 이루어진다. 영유아 평가를 위한 자료를 수집하기 위해서는 놀이를 관찰한다. 교사는 수집된 자료를 해석하고 평가하며 영유아의 발달 정도를 평가한다. 평가를 바탕으로 이후 교육의 방향 및 지원 방법이 정해진다. 교사 평가를 위한 자료 수집은 관찰, 면담, 평가지 등을 통해 가능하다. 수집된 자료를 기반으로 하여 교사 평가를 종합하며 앞으로의 교육 방법을 정한다. 프로그램에 관한 평가는 영유아를 대상으로 실시된 프로그램의 적절성을 살펴보는 데서 시작한다. 이후, 교사는 프로그램의 방향을 결정하는 기초 자료로 사용한다. 이처럼 유아교육에서의 평가는 더 나은 교육으로 나아가기 위한 노력이다.

그렇다면, 교재교구도 평가를 할까? 교재교구도 평가를 한다. 교재교구 평가를 통해서 영유아에게 더 나은 교육환경과 더 풍부한 놀이 환경을 제공해 줄 수 있다. 교재교구를 평가한다는 것은 제시된 기준의 충족 여부를 살펴보는 것이다.

교재교구는 영유아의 놀이를 지원했는가?
교재교구는 영유아의 발달에 적합했는가?
교재교구는 영유아의 흥미를 끌었는가?
교재교구는 안전했는가?
교재교구의 수는 적절했는가?
교재교구는 튼튼했는가?
교재교구는 정리하기 용이했는가?

이처럼, 교재교구에 관한 평가는 교재교구를 선택할 때 고려해야 할 점을 반영한다. 즉, 교재교구 선택과 별개이지 않다.

4. 교재교구를 보관하기

교재교구를 어떻게 보관해야 할까?

교실의 교재교구는 매일, 매주, 매달, 분기별로 바뀐다. 1년 동안 동일 위치에 동일한 교재교구를 계속적으로 배치해 두지 않으며, 교사는 교재교구를 바꾸어 준다. 교재교구를 바꾸는 경우는 다음과 같다.

- 영유아의 놀이 흐름이 바뀌어 놀이 주제가 달라진 경우
- 영유아가 교재교구에 흥미를 보이지 않는 경우
- 교사가 교재교구를 바꿀 필요성을 느낀 경우
- 교재교구가 망가진 경우

이와 같은 상황에서 교사는 제공한 교재교구를 어떻게 할지를 생각해야 한다. 물론, 교재교구가 망가져 더 이상 사용할 수 없는 경우에는 버려야 한다. 그 경우를 제외하면 재사용하도록 교재교구를 보관해야 한다. 교재교구를 보관할 때 주의해야 할 점을 살펴본다.

첫째, 보관하기 전, 교재교구의 상태 확인하기

교재교구를 보관 후, 이후에 재사용하기 위해서는 깨끗한 상태로 교재교구를 보관해야 한다. 따라서 교재교구를 보관하기 전에, 찍힌 부분이나 지저분한 부분은 붙이거나 닦아준다. 세제를 이용하여 세척해야 하는 교재교구도 있다.

또한 교사는 교재교구의 구성품이 모두 있는지를 살펴본다. 예를 들어, 세계 여행 게임 놀잇감이라면, 게임판, 게임 설명판, 말, 주사위가 있는지를 확인한다.

둘째, 교재교구의 보관함 정하기

교재교구를 보관할 준비가 되었다면, 보관함을 정한다. 본래 교재교구를 정리해 두던 보관함이 있다면, 그대로 사용한다. 그렇지 않다면, 바구니, 상자, 투명함, 지퍼팩 등 적절한 보관함을 정한다. 새로운 보관함이 필요할 때는 보관함에 들어 있는 교재교구 구성물을 확인할 수 있는 방법으로 정한다.

보관함을 정했다면, 교재교구에 관한 간단한 정보를 적어둔다. 교재교구명, 관련 놀이 주제, 교재교구 사용 연령, 교재교구 구성품 등을 적어 보관한다.

셋째, 교재교구의 보관함에 넣기

보관함이 정해지면, 교재교구를 넣어 둔다. 이때는 교재교구가 망가지지 않도록 넣어 보관한다.

✿ 바로 맞히는 문제 ✿

어디에 교재교구를 보관해야 할까요?		

① 바구니 ② 상자 ③ 투명함 ④ 지퍼팩	① 바구니 ② 상자 ③ 투명함 ④ 지퍼팩	① 바구니 ② 상자 ③ 투명함 ④ 지퍼팩

넷째, 교재교구 목록표(관리대장)에 적기

교재교구를 보관하며, 교재교구 목록표에 관련 내용을 기재한다.

어디에 교재교구를 보관해야 할까?

유아교육기관에서 교재교구를 보관하는 장소는 크게 세 곳이다. 교실, 교사실, 교재교구실이다. 먼저, 교실이다. 교실에 붙박이장이 있다면, 교재교구를 보관할 수 있다. 교실에 있기 때문에, 교사의 접근성을 높이고, 용이하게 관리를 할 수 있다. 다음으로 교사실이다. 이 경우에도 교사실에 붙박이장이 있다면 교재교구를 보관할 수 있다. 붙박이장 전면에는 관련 교재교구 관리대장을 걸어 두거나 각 칸에 해당하는 교재교구명과 관련 주제를 붙여둔다. 마지막으로 교재교구실이다. 이곳은 교재교구를 보관할 장을 짜 두었거나 선반으로 구성되어 있다. 교사가 이동할 수 있는 공간을 따로 마련해 두어, 필요한 교재교구를 찾아 활용하도록 지원한다. 어떤 방법으로 교재교구를 보관하든 그 공간은 제한적이므로, 사용하지 않거나 사용하지 않을 것으로 보이는 교재교구는 폐기해야 한다. 폐기하게 되는 교재교구는 다음의 특성을 가진다.

- 교재교구가 심하게 망가진 경우
- 교재교구의 부품이 없거나 부품을 대체한 자료가 없는 경우
- 교재교구가 낡아서 색 구분이 되지 않은 경우
- 교재교구에 곰팡이가 생긴 경우
- 교재교구의 유해성이 있다고 판단되는 경우

교재교구를 보관할 때는 각 반 교사가 보관방법을 준수해야 한다. 또한 교재교구 관리를 총괄하는 담당 교사가 종합적으로 관리를 해야 한다. 특히, 교재교구를 관리하는 공간이나 장은 다음의 특성을 가져야 한다.

- 습기가 없는가?
- 곰팡이가 생기지 않는가?
- 분류가 되어 있는가?
- 이동 가능한 공간이 있는가?

Chapter 06

영유아 교과교재를 활용하기: 일상 생활편

다람쥐 반 유아와 토끼 반 유아는 점심 식사를 하고 난 다음, 양치질을 한다.
다람쥐 반 유아는 한 명씩 순서를 지켜 양치를 한다.
치아 구석구석 양치하는 유아의 손은 빠르게 움직인다.
유아의 시선은 세면대 벽면에 붙여진 양치하기 순서도에 있지만,
유아는 양치하기에 바쁘다.
양치를 한 다음, 손을 깨끗하게 씻고 수건으로 닦는다.
토끼반 유아는 양치를 하며 장난을 한다.
칫솔로 윗니, 아랫니 꼼꼼히 닦지 않는다.
물로 대충 입안을 헹구고 화장실을 나가는 유아도 있다.

왜 유아들의 양치하는 모습이 다를까? 무엇이 필요할까?

짧은 메모

영유아는 유아교육기관에서 여러 가지 일상을 경험하며, 바른 기본생활습관을 형성해 간다. 바르게 손 씻기, 식사 예절 지키기, 식사 후 이 닦기, 놀이 후 정리정돈하기, 충분히 휴식하기에 관한 영유아의 경험은 유아교육기관에 이어 가정으로 연계된다. 이러한 경험을 통해 영유아는 자연스럽게 바른 생활을 해나간다. 반복적인 경험으로 영유아는 이러한 생활을 습관화한다.

습관화는 의도적인 노력을 기울이지 않고도 그 상황에서 자연스럽게 행동하고 말하게 됨을 의미한다. 영유아는 누군가 말하거나 요구하지 않아도 식사를 하기 전에 손 씻기, 자리에 앉아 식사하기, 식사 후 깨끗하게 양치하기, 제 위치에 물건 놓기, 제때 잠자기를 한다. 영유아는 꾸준한 경험과 노력으로 바른 습관을 형성한다. 바람직하지 않은 방향으로 이루어진 노력의 결과

는 올바르지 않은 행동이나 언어로 습관화된다. 따라서 교사는 바른 방법으로, 바르게 실행하며 영유아가 삶에 필요한 기본생활습관을 형성하도록 지원해야 한다. 만약, 영유아가 바르지 않은 기본생활습관을 형성했다면, 교사는 영유아의 건강과 안전을 위해 그 행동을 수정하도록 지원해야 한다.

이러한 바른 기본생활습관 형성을 위해서 교사는 여러 가지 교재교구를 활용한다. 교사가 ~하자라고 말하는 언어적인 상호작용에 더해 교재교구가 제공되면, 영유아는 그 상황이나 맥락을 더 잘 이해하고, 바른 방법으로 기본생활습관을 실천하게 된다. 따라서 교사는 이러한 교재교구를 이해하고, 적절하게 배치할 수 있어야 한다.

6장부터는 영유아 교과교재를 활용하기에 관해 살펴본다. 교과교재를 활용하는 방법은 그 내용이나 영역에 따라 다양할 수 있지만, 가장 먼저 일상생활편으로 교재교구와 영유아의 일상생활을 연결 지어 본다. 건강하게 생활할 수 있을 때, 영유아는 즐겁게 놀이하고, 안전하게 활동할 수 있기 때문이다. 이제는 교재교구를 통해, 영유아의 바른 생활습관을 지원하는 방법을 조금 더 자세히 생각해 본다.

1. 손 씻기 시간에 활용하기

손 씻기 시간에 교재교구를 활용하는 방법은 무엇일까?

바깥놀이를 마치고 온 영유아는 무엇을 할까? 손을 씻는다. 바깥에서 놀이를 하고 오면 가장 먼저 손을 씻어야 한다고 배운 영유아는 손 씻기부터 실천한다. 손 씻기는 영유아의 건강한 생활을 지원하는 가장 기본적이며, 중요한 생활습관이다. 영유아의 올바른 손 씻기를 지원하는 교재교구를 살펴본다.

✿ 손 씻기 시간의 의미

영유아는 유아교육기관에서 하루를 보내며 여러 번 손을 씻는다. 이러한 영유아의 손 씻기 시간은 의도적으로 손을 씻는 시간과 비의도적으로 손을 씻는 시간을 포함한다. 의도적으로 손을 씻는 시간은 교사의 계획에 따라 하루일과 중에서 손을 씻도록 안내하는 시간을 말한다. 예를 들어, 바깥놀이를 하고 돌아온 다음에 손을 씻거나 요리 활동을 하기 전과 후에 손을 씻는 경우이다. 이때는 "손을 씻어요"라는 교사의 안내에 따라 영유아들은 화장실로 가 손을 씻는다. 교사는 계획된 상황에서 일관성 있게 손을 씻도록 영유아에게 안내한다.

비의도적으로 손을 씻는 시간은 영유아 개개인의 필요에 따라 손을 씻는 시간이다. 예를 들어 미술놀이를 한 다음 손을 씻는 영유아, 화장실을 이용한 다음 손을 씻는 영유아를 생각해 볼 수 있다. 재채기를 한 다음 손을 씻는 영유아가 있는가 하면, 약을 먹은 다음 손을 씻는 영유아도 있다. 즉, 영유아는 개인적 상황에 따라 손을 씻는다.

손 씻기 시간을 자세히 살펴보자. 영유아의 손 씻는 모습은 개개인마다 다르다. 꼼꼼히 손을 씻는 영유아가 있다. 비누를 손 구석구석에 묻히고, 깨끗하게 헹군다. 대충 손을 씻는 영유아도 있다. 비누칠 대신 손에 물을 흘려보낸다.

영유아는 올바른 방법으로 손을 씻어야 한다. 손을 잘 씻을 때, 질병을 예방할 수 있다. 이를 위해서 영유아는 단계적으로 손 씻기를 해야 한다. 손바닥뿐 아니라 손가락, 손톱, 손등 등 모든 부위를 깨끗하게 씻어야 하는 것이다.

손 씻기의 중요성에 따라, 손 씻기 시간을 잘 활용하기 위해서는 영유아에게 손 씻기 교육을 실시한다. 교사는 영유아에게 손 씻기 동영상을 보여준다. 손 씻기 노래도 불러본다. 또한 손 씻기 교재교구를 제시하여, 놀이를 하며 손 씻기를 연습해보도록 한다.

✿ 손 씻기 시간 교재교구 종류

영유아는 손을 씻어야 하는 상황에 따라 올바른 방법으로 손을 씻어야 한다. 이러한 손 씻기를 경험하도록 지원하는 교재교구가 있다.

- 비누 모형
- 손 씻기 수도꼭지
- 손 씻기 휴대용 세면대
- 손 장갑과 세균
- 목욕놀이 인형
- 손 씻기 그림책
- 손 씻기 동요 가사판
- 손 씻기 퍼즐
- 손 씻기 순서도

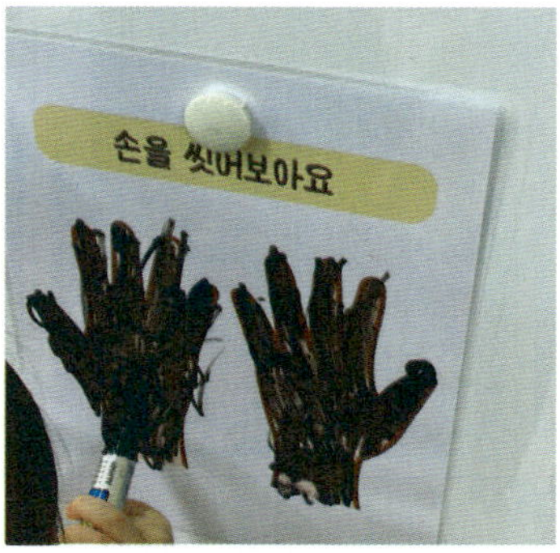

손 씻기 자료

✿ 손 씻기 시간 교재교구 제작

▌손 씻기 순서도

제작 방법

- **준비물**: 손 씻는 장면 사진, 가위, 색지, 풀, 코팅지

① 손 씻는 순서에 따라 유아가 손을 씻는 장면을 사진으로 기록한다.
② 순서도의 크기를 고려하여 손 씻는 장면 사진을 출력한다.
③ 출력한 각 각의 손 씻는 장면 사진은 가위로 오린 다음 색지 위에 풀로 붙인다.
④ 손 씻는 장면을 다시 가위로 오린 후, 코팅지를 붙인다.
⑤ 그 후, 각각의 손 씻는 장면 사진을 가위로 오려 완성한다.

지도 방법

① 교사와 유아는 손 씻기 경험과 손 씻는 순서를 이야기 나눈다.
② 교사는 순서 없이 손 씻는 장면 사진을 붙여 유아에게 보여준다.
③ 교사는 유아에게 순서에 맞게 손 씻는 장면 사진을 나열하도록 제안한다.
④ 유아는 손 씻는 장면 사진을 순서에 따라 나열한다.
⑤ 유아가 붙인 손 씻는 장면 사진의 순서에 따라 이야기를 나눈다.
⑥ 손 씻는 장면 사진의 순서에 따라 유아는 손 씻기를 연습해 본다.
⑦ 손 씻는 순서에 따라 손 씻기를 하기로 교사와 유아는 약속한다.

2. 식사 시간에 활용하기

식사 시간에 교재교구를 활용하는 방법은 무엇일까?

바깥놀이를 하고 온 유아는 화장실로 가 깨끗하게 손을 씻는다. 그다음에는 가방에서 도시락을 꺼내 자리에 앉는다. 자신의 차례가 되면, 도시락을 들고 교사에게로 가 밥, 국, 반찬을 받는다. 배식이 끝나면 모든 유아는 식사를 시작한다. 모두에게 즐거운 식사 시간이 되도록 식사 예절을 지키며 유아는 음식을 꼭꼭 씹어 먹는다. 식사 시간을 생각하며, 교재교구도 찾아본다.

✿ 식사 시간의 의미

유아교육기관에서 식사 시간은 점심 식사 시간을 의미한다. 하루 일과 중에 오전과 오후 활동 사이에 1시간 정도의 점심 식사 시간이 있다. 식사 시간에 영유아는 교실에서 개별 도시락에 배식을 받아 식사를 하거나 별도로 마련된 급식실에서 식사를 한다. 만약, 식사의 의미를 조금 넓혀 '먹는다'로 접근하면, 식사 시간은 오전과 오후 간식 시간을 포함한다. 물론 간식 시간은 교실에서 이루어진다.

식사 시간은 영유아에게 여러 가지로 중요한 의미를 가진다. 먼저 식사 시간에 제공된 영양소는 영유아의 신체 발달을 촉진한다. 영유아는 매달 제공되는 식단표에 맞게 조리된 음식을 섭취한다. 식단표는 사전에 부모에게 안내된다. 식단표에 적힌 음식은 영유아의 일일 섭취 권장량, 제철 음식, 발달을 고려하여 영양사에 의해 구성된다. 따라서 영유아는 발달 시기에 맞게 균형 잡힌 식사를 하게 된다.

배식 후 교사는 유아에게 음식을 탐색해 보도록 안내한다. 영유아는 탐색의 과정에서 음식 및 그 재료의 색, 모양, 향, 씹었을 때 느낌을 경험한다. 거부감을 주는 음식이 있다면, 영유아는 음식을 천천히 또는 소량으로 씹어

본다. 이 경우에도 영유아에게 알레르기 반응을 일으키는 음식이라면 섭취하지 않도록 안내한다. 여러 가지 음식을 골고루 먹는 반복적인 과정에서 영유아는 편식하지 않는 습관을 형성한다. 고른 영양소를 섭취한 영유아는 건강하게 성장한다. 영유아의 키가 자라고, 몸무게도 증가한다.

또한 식사 시간은 영유아에게 바른 식습관 예절을 가지도록 지원한다. 식사를 할 때는 지켜야 할 예절이 있기 때문에, 교사는 식사 시간을 통해 교육을 실시한다.

- 앉아서 식사하기
- 바른 자세로 식사하기
- 식사 도구를 바르게 사용하기
- 작은 소리로 이야기 나누며 식사하기
- 음식물을 보이지 않도록 씹기
- 식사한 다음 자리를 정리하기

영유아는 식사하는 과정에서 이러한 예절을 지키며 바람직한 식사 예절을 배운다. 올바른 식습관을 형성하는 식사 시간은 영유아에게 중요한 의미를 가진다.

✿ 식사 시간 교재교구 종류

영유아에게 골고루 먹는 습관을 형성하고, 올바른 식사예절을 형성하도록 돕는 여러 가지 교재교구가 있다. 구체적으로 살펴본다.

- 채소, 과일, 빵 모형
- 식기류 모형
- 영양소 퍼즐
- 채소가게 놀이

채소 및 과일 모형	주방 도구

✿ 식사 시간 교재교구 제작

▌채소 가게

제작 방법

- **준비물**: 펠트지, 펜, 가위, 실, 바늘, 솜

① 펠트지에 펜으로 여러 가지 채소 그림을 그린다(채소 1개당 2장의 그림이 필요하다).

② 채소 그림을 가위로 오린다.

③ 바늘에 실을 꿴 후, 채소 그림 2개를 맞대어 버튼홀 스티치로 바느질한다.

④ 창구멍을 남기고 채소 그림에 맞추어 바느질을 한다.

⑤ 창구멍으로 솜을 넣은 다음, 바느질하여 마무리한다.

채소 가게

지도 방법

① 교사와 유아는 채소 이름을 말하며 좋아하는 채소를 찾아본다.
② 교사는 유아에게 준비해온 펠트지 채소를 보여주며, 함께 채소 이름을 말해 본다.
③ 교사와 유아는 채소로 할 수 있는 놀이를 이야기 나눈다.
④ 유아는 채소 가게 놀이를 해 본다.
⑤ 교사와 유아는 채소 가게 놀이를 해 본 느낌을 이야기 나눈다.

3. 이 닦기 시간에 활용하기

이 닦기 시간에 교재교구를 활용하는 방법은 무엇일까?

점심 식사를 마친 유아는 무엇을 할까? 아직 식사를 다 마치지 못한 친구를 기다리며 영유아는 놀이를 시작한다. 물론 영유아는 놀이를 하기 전에 이 닦기부터 해야 한다. 이 닦기는 0세 영아기부터 시작된다. 거즈로 잇몸 닦기를 시작하는 시기가 바로 0세이다. 칫솔과 같은 양치 도구를 활용하는 시기는 만 1세 전후이다. 그런 이 닦기는 유아기가 되면 습관화되어 있어야 한다. 이 닦기 시간을 통해 조금 더 살펴본다.

✿ 이 닦기 시간의 의미

이 닦기 시간이란 영유아들이 개별 칫솔과 치약으로 양치를 하는 시간이다. 이 닦기를 할 때는 개별 칫솔을 사용한다. 이 칫솔의 크기와 칫솔모의 거침 정도는 개별 영유아가 사용하기 적합한 상태로 각 가정에서 보내준 칫솔이다. 칫솔은 마모 정도에 따라 다르지만, 유아교육기관에서는 적어도 한 달에 한 번씩 칫솔을 교체한다. 치약 또한 개별적으로 사용하는 경우가 있다. 치약마다 포함된 성분이나 그 정도가 다르므로 필요한 경우에는 각 가정에서 보내온 개별 치약을 사용한다.

영유아는 어릴 적부터 바른 이 닦기 습관을 형성해야 한다. 이 닦기 습관은 바르게 이 닦기를 경험하는 데 있다.

- 적어도 하루 3번은 양치를 해야 한다.
- 양치를 할 때는 윗니, 아랫니 등 모두 양치를 해야 한다.
- 3분 동안 충분히 양치를 해야 한다.
- 입안은 충분히 물로 헹구어야 한다.

올바른 이 닦기 습관의 중요성은 다음과 같다. 유아기는 영구치가 생기는 시기이다. 5~6개월이 되면 유치가 생기기 시작한다. 따라서 이 시기부터는 이 닦기를 시작한다. 이 시기에 적절한 방법으로 양치를 하지 않으면, 영구치가 생기는 데 영향을 미친다. 유아기는 여러 가지 음식을 탐색하는 시기로, 이가 썩지 않아야 음식을 씹고 섭취하는 데 어려움을 덜 느끼게 된다.

✿ 이 닦기 시간 교재교구 종류

어린 시기부터 올바른 이 닦기 습관을 형성하도록 지원하는 여러 가지 교재교구가 있다. 그 종류는 다음과 같다.

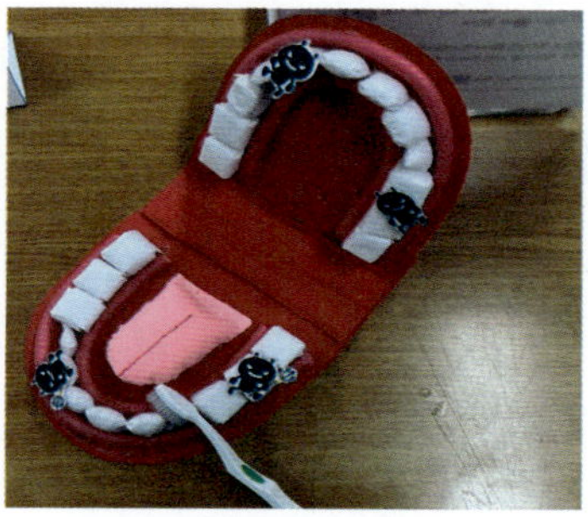

이 닦기 놀잇감

- 치아 모형과 칫솔
- 이 닦기 사운드북
- 이 닦기 그림책
- 이 닦기 얼굴

✿ 이 닦기 시간 교재교구 제작

▌이 닦기 얼굴

제작 방법

- **준비물**: 얼굴 치아 그림, 가위, 코팅지, 코팅기, 수성펜, 칫솔

① 얼굴 치아 그림(치아 그림이 잘 드러남)을 유아의 얼굴 크기에 맞게 출력한다.
② 얼굴 치아 그림을 가위로 오린다.
③ 코팅지에 오린 얼굴 치아 그림을 끼운 후, 코팅기에 넣는다.
④ 코팅한 얼굴 그림 치아를 가위로 오린다.

⑤ 얼굴 치아 그림, 수성펜, 칫솔을 함께 제공한다.

지도 방법

① 유아는 거울을 이용하며, 자신의 치아를 살펴본다.
② 교사와 유아는 건강한 치아를 위해 이 닦기의 중요성을 이야기 나눈다.
③ 교사는 유아에게 얼굴 치아 그림, 수성펜, 칫솔을 보여준다.
④ 교사는 유아에게 썩은 치아를 수성펜으로 얼굴 치아 그림에 그리도록 한다.
⑤ 교사는 유아에게 칫솔로 이가 썩지 않도록 양치하도록 안내한다.
⑥ 유아는 깨끗해진 치아를 살펴본다.

✿ 바로 맞히는 문제 ✿

이 닦기 교육에 적합한 교재교구를 찾아보세요.		
칫솔과 치약 실물	칫솔과 치약 실물 모형	칫솔과 치약 실물 펠트지

4. 정리정돈 시간에 활용하기

정리정돈 시간에 교재교구를 활용하는 방법은 무엇일까?

모두 제자리 노래에 맞추어, 영유아는 놀잇감을 제자리에 정리한다. 서로 도와 놀잇감을 모두 정리한 영유아는 인사 나누기를 하기 위해 매트나 의자 위에 앉는다. 영유아에게 정리정돈 시간은 하나의 활동을 마무리하고 또 다른 활동으로 전이하는 시간이다. 영유아 정리정돈 시간을 돕는 교재교구를 살펴본다.

✿ 정리정돈 시간의 의미

정리정돈 시간은 놀이를 하며 사용한 놀잇감이나 활동을 하며 쓴 자료를 제 위치에 정리함을 의미한다. 놀이를 하며 사용한 놀잇감은 교구장의 제 위치에 정리한다. 교사는 놀잇감의 사진을 찍어 교구장에 붙여 두거나 기호를 사용하여 정리해야 할 위치를 안내한다. 영유아는 그 위치에 맞게 놀잇감을 정리한다. 활동을 하며 사용한 자료는 가위, 색연필, 스티커 등을 포함한다. 이러한 자료는 바구니나 상자 등과 같이 교사가 제공한 보관함에 정리한다.

정리정돈 습관을 형성하면, 놀잇감이나 자료를 분실하지 않는다. 필요시에 쉽게 찾을 수도 있다. 공간을 위생적으로 관리 가능하다. 이러한 정리정돈 습관 형성을 위한 경험이 필요하다. 여러 가지 교재교구를 활용하여 정리정돈을 해 본다.

✿ 정리정돈 시간 교재교구 종류

정리정돈은 놀이 후, 정리 시간을 활용하여 자연스럽게 이루어진다. 정리정돈을 지원하기 위해 교재교구를 활용할 수 있다. 이를 살펴본다.

- 각 가정에서 물건의 위치에 맞게 붙이기 자료
- 여러 종류 바구니와 교재교구
- 정리정돈 동요 가사판
- 정리정돈 그림책
- 자기 자리 찾기 교재교구

✿ 정리정돈 시간 교재교구 제작

▌자기 자리 찾기

제작 방법

• **준비물**: 놀이 영역별 교구장 사진, 놀잇감 사진, 가위, 코팅지, 코팅기, EVA, 글루건, 찍찍이, 보들이

① 놀이 영역별 교구장 사진과 놀잇감 사진을 편집하여 출력한다(놀이 영역별 교구장 사진에는 놀잇감 사진을 붙일 그림자 위치가 있어야 한다).
② 가위로 오린 놀이 영역별 교구장 사진과 놀잇감 사진을 코팅지에 끼워 코팅기에 넣는다.
③ 코팅한 놀이 영역별 교구장 사진과 놀잇감 사진을 가위로 오린다.
④ 오린 놀이 영역별 교구장 사진 아래에 글루건으로 EVA를 붙인다.
⑤ 놀이 영역별 교구장 사진에서 적절한 위치에 놀잇감 사진을 붙일 수 있도록 보들이를 붙인다.
⑥ 코팅한 놀잇감 사진 뒷면에 찍찍이를 붙인다.

지도 방법

① 교사는 교실의 실물 놀잇감을 바구니에 담아 유아에게 보여준다.
② 교사와 유아는 실물 놀잇감의 위치를 이야기 나눈다.
③ 교사는 유아에게 놀이 영역별 교구장 사진과 놀잇감 사진을 보여준다.
④ 유아는 놀이 영역별 교구장 사진 위에 놀잇감 사진을 제 위치에 붙인다.
⑤ 붙인 놀잇감 사진을 보며, 교사와 유아는 이야기 나눈다.

5. 낮잠 시간에 활용하기

낮잠 시간에 교재교구를 활용하는 방법은 무엇일까?

점심 식사를 하고, 양치를 마치고 놀이를 하던 영유아는 놀잇감을 정리한다. 곧 낮잠을 자야 하는 시간이기 때문이다. 이불과 베개를 찾아, 낮잠 잘 준비를 한다. 영유아는 편안한 분위기에서 낮잠을 청한다. 영유아기 낮잠 시간의 중요성과 함께, 낮잠 교육에서 활용 가능한 교재교구를 살펴본다.

✿ 낮잠 시간의 의미

낮잠 시간은 편안한 분위기에서 잠을 자거나 휴식하는 시간을 의미한다. 교사는 영유아의 낮잠을 지원하기 위해 편안한 분위기를 조성한다. 먼저, 교사는 영유아의 낮잠 특성을 고려하여 적절한 위치에 매트를 깔아준다. 교실 공간을 최대한 활용해 매트의 일정 간격을 유지한다. 또한 교사는 커튼이나 블라인드를 내려 햇살로 인해 영유아의 낮잠을 방해받지 않도록 한다. 부드러운 음악이나 잠잘 때 듣는 평온한 음악을 켜주는 교사도 있다. 영유아가 편안함 상태에서 잠이 들도록 머리끈을 풀어주거나 조끼를 벗도록 돕는 교사도 볼 수 있다.

낮잠 시간은 휴식하는 데 그 의미를 둔다. 즉, 영유아는 낮잠 시간 동안 잠을 청하든, 잠시 누워 휴식을 한다. 물론 영유아마다 낮잠에 대한 요구가 다르다. 어떤 유아는 5세까지 낮잠 시간을 꼭 필요로 하는가 하면 또 다른 유아는 3세 이후 낮잠 시간에 거의 자지 않는다. 영유아의 건강 상태에 따라서도 낮잠에 대한 요구가 다르다. 어떤 유아는 감기로 인해 낮잠 시간에 자연스럽게 잠을 청하지만, 또 다른 유아는 잠을 자지 않는다. 교사는 낮잠을 자지 않는 영유아에게 정적인 놀이나 활동을 안내한다. 왜냐하면, 영유아에게 낮잠을 포함한 휴식 시간은 꼭 필요하기 때문이다.

영유아는 낮잠을 통해 휴식을 해야 한다. 유아교육기관에서 등원한 이후 여러 가지 놀이에 활동을 한 영유아에게 에너지 보충이 필요하다. 이를 위해서는 낮잠을 자야 한다. 특히, 졸린 상태에서 놀이를 계속하거나 충분히 휴식하지 않고 일어나 노는 영유아에게서 안전사고가 발생한다. 안전사고를 예방하고, 유아교육기관에서 건강하게 생활하기 위해서는 낮잠을 포함한 휴식이 필요하다.

✿ 낮잠 시간 교재교구 종류

영유아기는 낮잠을 통해 휴식 시간을 가진다. 성장과 함께 낮잠을 자는 시간이 점점 줄어들지만, 영유아의 상태에 따라서 낮잠 시간이 필요하다. 낮잠 시간을 지원하는 교재교구를 살펴본다.

- 낮잠 그림책
- 낮잠 인형
- 낮잠 잘 때 필요한 도구
- 동물과 낮잠 이불

✿ 낮잠 시간 교재교구 제작

▌동물과 낮잠 이불

제작 방법

- **준비물**: 천, 펜, 가위, 실, 바늘, 솜

① 천에 펜으로 크기가 다른 동물 5마리(새, 쥐, 토끼, 사자, 코끼리)와 크기가 다른 낮잠 이불 5개 그림을 그린 후 오린다.

② 바늘에 실을 꿰어 동물을 홈질한다.

③ 창구멍을 남기고 바느질한 동물에 솜을 넣어 완성한다.

④ 낮잠 이불을 홈질한다.
⑤ 동물 크기에 맞게 낮잠 이불을 덮어준다.

지도 방법

① 교사는 유아에게 낮잠 시간에 듣는 음악을 들려준다.
② 교사는 유아에게 동물들의 낮잠 시간 놀이를 제안한다.
③ 유아는 준비한 동물과 이불을 살펴본다.
④ 유아는 동물에게 맞는 이불을 찾아준 후, 낮잠 자는 놀이를 한다.
⑤ 유아는 놀이를 한 후, 동물과 낮잠 이불을 정리한다.

6. 대소변 훈련 시간에 활용하기

대소변 훈련 시간에 교재교구를 활용하는 방법은 무엇일까?

영아는 낮잠을 자기 전이나 낮잠을 자고 일어나면 화장실에 간다. 특히, 18개월 이후에 대소변 훈련을 실시할 때는 규칙적으로 화장실을 이용하도록 교사는 안내한다. 대소변 훈련을 할 준비가 된 영아를 위해 교사는 적절한 교재교구로 이를 지원해야 한다. 대소변 훈련의 의미와 교재교구에 관해 구체적으로 살펴본다.

✿ 대소변 훈련 시간의 의미

대소변 훈련 시간은 적절한 환경에서 자신의 상태에 맞게 순서를 지켜 대소변을 하도록 지원하는 시간을 말한다. 적절한 환경이란 교사가 영아에게 대소변을 위해 화장실을 이용하도록 하는 것이다. 대소변 훈련은 영아의 개인 상태에 맞게 진행된다. 즉, 대변과 소변을 하고 싶은 시간이 영아마다 다르기 때문에, 영아가 몸의 신호를 느끼면 교사는 화장실에서 대소변을 하도록 영아를 지도한다. 대소변 훈련은 순서를 지키며 반복한다. 예를 들어, 영아는 화장실을 간 다음 옷을 내리고, 변기에 앉아 대변을 볼 수 있어야 한다. 그다음 교사가 닦아주면, 다시 옷을 입고, 손을 씻어야 한다. 이러한 순서가 반복된다.

대소변 훈련 시간을 가지기 위해서 교사는 영아의 신호를 먼저 파악해야 한다. 영아가 바지를 내리거나, 얼굴을 찡그리거나, 구석진 곳으로 간다면 화장실을 가야 할 시간임을 알고 교사는 영아를 지도해야 한다. 언어 발달과 함께 영아가 "응가"라고 말하면, 교사는 "응가 하러 갈까? 화장실로 가자"라고 말해 준다. 또한, 대소변 훈련은 꾸준히 이루어져야 한다. 대소변 훈련은 영아마다 그 차이가 크므로, 개인차를 고려하여 지속적으로 시도한다. 대소변 훈련의 효과를 높이기 위해서는 가정과 연계도 필수이다.

건강하게 성장하기 위해서는 적절한 때에 대소변을 볼 수 있어야 한다. 따라서 교사는 대소변 훈련의 필요성을 알고 이를 지원해야 한다. 영아기에 시작된 대소변 훈련이 적절한 방법으로 시도될 때 영아기에 완성할 수 있다. 또한 그 방법이 바람직할 때, 영아는 조금 더 편안하게 대소변 훈련을 할 수 있다. 교사는 대소변 훈련을 놀이 중심으로 실시한다. 이 과정에서는 영아에게 방귀, 똥에 관해 더럽다는 인식을 심어주지 않도록 유의한다.

✿ 대소변 훈련 시간 교재교구 종류

영아기 대소변 훈련은 반복적인 경험을 통해 완성해 간다. 교사는 영아의 대소변 훈련을 돕기 위한 여러 가지 놀이를 제공한다. 이때 활용 가능한 교재교구를 살펴본다.

- 응가 그림책
- 배변 훈련 인형
- 동물과 변기

- 변기 색칠 자료
- 속옷 꾸미기 자료

✿ 대소변 훈련 시간 교재교구 제작

▌응가 하는 동물

제작 방법

- **준비물**: 펠트지, 가위, 바늘, 실, 솜, 접착 펠트지, 하드보드지, 가위, 글루건, 투명 필름

① 펠트지에 똥 모양 그림을 그려 가위로 오린 후, 바늘, 실, 솜을 이용하여 똥을 완성한다.
② 접착 펠트지를 가위로 오려 하드보드지에 붙여 배경 판을 만든다.
③ 펠트지로 기린과 소를 만들어, 배경 판에 붙인다.
④ 투명 필름을 말아서 투명 관을 만든다.
⑤ 투명관은 기린과 소의 엉덩이 부분에 붙인다.

지도 방법

① 교사는 영아에게 동물의 똥에 관한 그림책을 들려준다.
② 교사는 영아에게 응가 하는 동물 놀잇감을 보여주며 똥을 투명 관에 넣는다.
③ 영아는 점토로 동물의 똥을 만든다.
④ 응가 하는 동물 판에 만든 똥을 넣어본다.
⑤ 교사는 영아와 응가 하는 동물 놀이를 반복한다.

▍변기 놀이

제작 방법

- **준비물**: 작은 쓰레기통, 접착 펠트지, 글루건, 백업, 가위, 하드보드지, 스티로폼

① 작은 쓰레기통은 접착 펠트지로 감싼다.
② 작은 쓰레기통의 곡선 부분에는 글루건으로 백업을 붙인다.
③ 펠트지에 그린 변기 커버는 가위로 오린다.
④ 변기의 등받이는 하드보드지로 잘라 접착 펠트지를 붙이고, 백업으로 마무리한다.
⑤ 변기 등받이와 아랫부분에는 글루건으로 스티로폼을 붙인다.

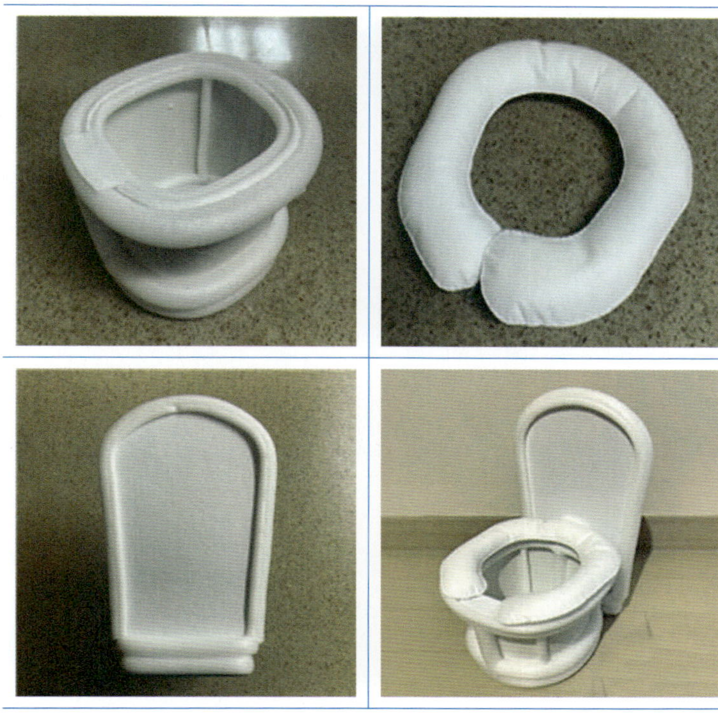

지도 방법

① 교사는 영아에게 변기 놀잇감을 보여준다.

② 영아는 변기 놀잇감을 탐색한다.

③ 교사는 영아에게 점토로 똥을 만들도록 안내한다.

④ 영아는 만든 똥을 변기에 넣어본다.

Chapter **07**

영유아 교과교재를 활용하기: 놀이편

다람쥐 반 교사와 토끼 반 교사는 등원한 유아에게 자유놀이를 하도록 안내한다.
다람쥐 반 유아는 놀이를 바로 시작하지 않고
놀이 계획표를 찾아 스티커를 붙인다.
유아는 놀이 계획에 따라 즐겁게 놀이한다.
교실에 배치되어 있는 놀잇감을 잘 알고 있는 다람쥐 반 유아들은
적극적으로 놀이를 계획하고 참여한다.
토끼 반 유아는 하고 싶은 놀이를 즉흥적으로 선택한다.
해 보고 싶은 놀이 영역에서 너무 많은 유아가 놀이를 하고 있다면,
다른 놀이를 선택한다.
교실에 배치된 놀잇감을 잘 알지 못해 교사에게 물어보는 토끼 반 유아들이다.

각 반 유아의 놀이 모습은 어떨까? 왜 놀이 모습이 다를까?

짧은 메모

유아교육기관에서 영유아들이 가장 좋아하는 시간은 언제일까? 유아교육기관에서 영유아들이 가장 기다리는 시간은 언제일까? 영유아는 자유 놀이 시간을 좋아하고 기다린다.

바라던 자유 놀이 시간이 되면 영유아는 하고 싶은 놀이를 스스로 선택한다. 하루 일과 중에 하고 싶은 놀이가 많은 영유아는 이 순간 고민한다. 정해진 놀이 시간 중 정말 하고 싶은 놀이를 선택하기 위해 생각하고 또 생각한다. 놀이를 계획하여 실행하며 영유아는 놀이 속에서 즐거움을 느낀다. 교사는 영유아의 미소를 보며 놀이 시간을 행복하게 보내는 영유아를 발견한다. 혼자 놀이하든, 친구와 함께 놀이하든, 놀이하는 영유아는 그저 즐겁다.

2019 개정 누리과정이 놀이 중심의 교육과정 운영을 지향하면서 그동안 유아교육기관에서 실시해 왔던 놀이에 관한 재개념화가 이루어졌다. 영유아를 위한 진정한 의미의 놀이를 찾아가기 위해 교육계와 학계는 노력했다. 이러한 시대적 흐름을 반영하여 영유아의 놀이를 지원하는 교사의 역할이 더욱 강조되었다. 교사는 유아교육기관에서의 놀이를 활성화하기 위해 영유아에게 충분한 놀이 시간을 제공하고자 하루 일과 계획을 수정했다. 놀이 환경을 조성하기 위해 노력하는 교사도 있었다. 즉, 놀이가 이루어지도록 지원하기 위해서 교사는 놀잇감을 적절한 위치에 배치해야 했다.

이에 7장에서는 교재교구를 활용하기 위한 방법으로 영유아 놀이를 살펴본다. 여러 가지 놀이를 중심으로, 놀이에 활용 가능한 다양한 놀잇감을 살펴본다. 더불어, 유아교육기관에서 많이 활용하는 놀잇감 제작 방법도 다룬다. 7장에서 제시하는 내용은 교사에게 조금 더 영유아 놀이와 놀잇감에 다가가고, 놀잇감 제작에 대한 부담감을 줄이도록 도울 것이다.

1. 언어놀이에 활용하기

언어놀이를 할 때, 어떻게 교재교구를 활용할까?

영유아는 언어놀이를 한다. 영유아는 햇살이 잘 비치는 밝은 곳에 마련된 언어 영역에서 언어놀이를 즐긴다. 언어 영역에 비치된 쿠션에 기대앉은 영유아는 편안한 분위기에서 언어놀이에 참여한다. 언어놀이에 활용하기를 통해, 영유아의 언어놀이와 교재교구를 조금 더 살펴본다.

언어 영역

도서 영역

✿ 언어놀이의 의미

언어놀이란 유아에게 언어에 관한 기초 소양을 함양하도록 지원하는 놀이를 말한다. 언어에 관한 기초 소양은 듣기, 말하기, 읽기, 쓰기를 포함한다. 구체적으로 언어놀이는 듣기, 말하기, 읽기, 쓰기에 관해 관심을 기울이며 바르게 듣고, 말하고, 읽고, 쓰는 태도를 형성하도록 지원한다. 예를 들어, 유아는 언어놀이를 하며 주변에서 쉽게 볼 수 있는 환경 인쇄물 읽기에 관심을 기울인다. 또한 언어놀이는 유아에게 듣기, 말하기 읽기, 쓰기에 관한 기술을 경험하도록 지원한다. 예를 들어, 유아는 언어놀이를 하며 글자를 순서에 맞게 바르게 쓰는 기술을 습득한다. 결국 언어놀이는 유아에게 듣기, 말하기, 읽기, 쓰기에 관한 지식을 습득하도록 관련 경험을 제공한다. 예를 들어, 유아는 언어놀이를 통해, 소리와 글자의 다름을 인식한다. 언어놀이에 관한 유아의 경험은 그림책이나 이야기를 통해 더욱 잘 이루어진다.

유아교육기관에서 볼 수 있는 유아의 언어놀이 장면을 살펴본다. 구체적으로는 듣기, 말하기, 읽기, 쓰기에 관한 놀이 경험을 상상해 본다.

녹음된 자연의 소리를 듣는 유아
가족 손 인형으로 역할에 맞게 말하는 유아
매트 위에 앉아, 친구와 함께 그림책을 읽는 유아
책상 위에 편지지를 올려 친구에게 초대 편지를 쓰는 유아

언어 영역에서 실시하는 언어놀이는 여러 가지로 중요한 의미를 가진다. 먼저 언어놀이는 유아의 언어 발달을 촉진한다. 유아는 언어 영역에서 구체적이고 다양한 언어 경험을 한다. 이러한 경험은 분절되어 있지 않으며, 유아에게 듣기, 말하기, 읽기, 쓰기를 통합적으로 경험하도록 지원한다. 이는 유아의 언어 발달을 돕는다. 또한 언어놀이는 유아에게 사회적 기술을 익히도록 돕는다. 친구와 함께 이야기를 나누고, 동화책을 듣는 등 여러 가지 함께 하는 언어놀이를 통해 유아는 배려, 협력 등 사회적 관계를 맺고 유지하는데 필요한 기본적인 기술을 경험한다.

✿ 언어놀이 교재교구의 종류

언어놀이 교재교구는 다양하다. 언어는 수용 언어(듣기, 읽기)와 표현 언어(말하기, 쓰기)로 구분 가능하지만, 각 각의 중요성에 따라 듣기, 말하기, 읽기, 쓰기의 네 가지 범주에 맞게 조금 더 관련 경험을 촉진하는 교재교구를 살펴본다.

듣기 교재교구

- 사람(유아, 가족, 또래, 교사, 지역사회 구성원 등) 관련 소리 자료
- 동물(강아지, 고양이, 말, 새, 비둘기 등) 관련 소리 자료

- 자연(비, 바람, 눈, 파도, 계곡, 낙엽 등) 관련 소리 자료
- 인공 환경(자동차, 비행기, 배, 공사장, 선풍기 등) 관련 소리 자료
- 악기(피아노, 바이올린, 핸드벨, 트럼펫 등) 관련 소리 자료
- 동시 녹음 자료
- 동화 녹음 자료
- 동극 녹음 자료
- 동요 녹음 자료
- 이야기 녹음 자료
- 카세트 녹음기
- 목소리 녹음기
- 궁금이 상자
- 태블릿 PC
- 헤드셋

말하기 교재교구

- 동물 머리띠
- 마이크
- 말하는 앵무새 인형
- 손 인형
- 손가락 인형
- 안전 거울
- 전화기
- 한글 주사위

읽기 교재교구

- 과자 봉지
- 낱말 카드
- 동시 판
- 매직 보드

- 반대말 찾기 카드
- 사운드북
- 사진
- 수수께끼 카드
- 순서도
- 숫자 그림책
- 신문
- 악보 판
- 인성 그림책
- 전단지
- 지식백과 사전
- 촉감 사전
- 촉감 책
- 포스터
- 한글 사전
- 한글 퍼즐
- 헝겊 그림책

쓰기 교재교구

- 그림일기 쓰기 판
- 그림자 글자 쓰기
- 글자 도장
- 글자 빙고 게임판
- 글자 스티커
- 글자 펀치
- 끝말잇기 기차
- 노트북 놀잇감
- 단어 카드
- 만화 만들기

- 문장 카드
- 사인펜
- 삼행시 쓰기 판
- 색연필
- 엽서
- 우체통
- 우표
- 이름 글자 꾸미기판
- 자석 글자
- 작은 책 만들기
- 집게 글자
- 카드
- 편지 쓰는 순서도
- 편지지
- 포스트잇
- 한글 블록

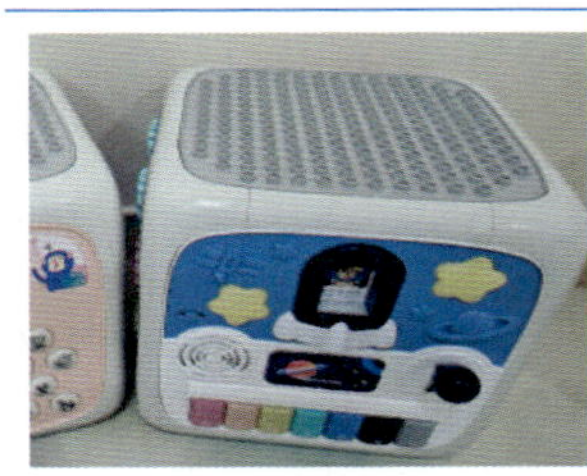	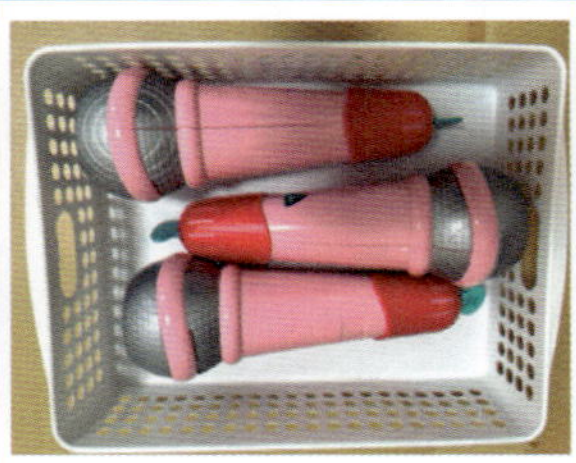	
에듀 큐브	마이크	전화기

손가락 인형	손 인형	손 인형

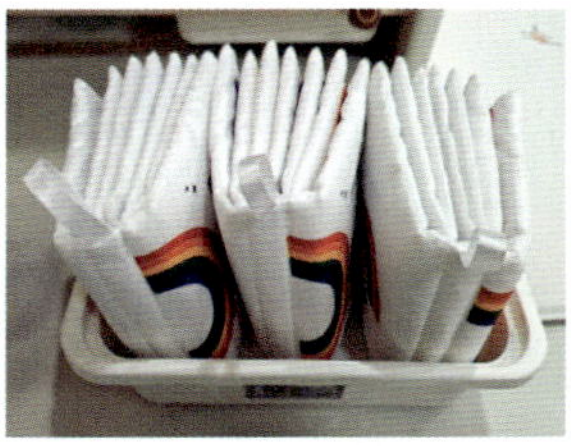

촉감 책

촉감 책

글자 쓰기

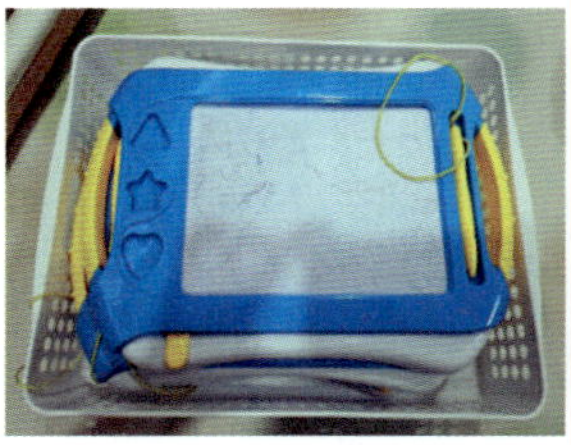

자석 매직 보드

끼적이기 판

종이와 지우개

동물 단어 카드

행성 글자 퀴즈

자석 글자판

✿ 언어놀이 교재교구 제작

▌암호를 풀어요

제작 방법

- **준비물**: 종이, 가위, 하드보드지, 투명 시트지, 코팅지, 고리, 보드마카

① 암호와 글자를 워드로 작성한 후, 종이에 출력한다.

② 암호와 글자를 가위로 오린 후, 하드보드지에 붙인 다음 투명 시트지로 다시 붙인다.

③ 풀어야 하는 암호 카드를 워드로 작성한 후, 종이에 출력한다.

④ 출력한 암호 카드는 가위로 오린 후 코팅지에 넣고 코팅한다.

⑤ 코팅한 암호 카드는 하드보드지에 고리로 연결한다.

⑥ 암호카드와 보드마카를 배치하여 완성한다.

지도 방법

① 교사와 유아는 우리나라의 상징에 대해 이야기 나눈다.

② 교사는 유아에게 암호를 풀어요 교재교구를 보여준다.

③ 교사와 유아는 암호를 풀어 글자를 맞히는 방법을 이야기 나눈다.

④ 유아는 암호를 보고 맞는 글자를 찾은 후, 따라 써 본다.

⑤ 유아는 암호를 푼 글자를 읽어본다.

⑥ 유아는 암호를 다 풀 때까지 동일 과정을 반복한다.

⑦ 암호를 다 푼 유아는 교사와 푼 암호에 관해 이야기 나눈다.

2. 수조작 놀이에 활용하기

수조작 놀이를 할 때, 어떻게 교재교구를 활용할까?

영유아는 수조작 놀이를 한다. 수조작 놀이는 언어 영역이나 과학 영역과 인접한 위치에 마련한 수조작 영역에서 주로 이루어진다. 조용한 분위기에서 영유아는 숫자, 모양, 구슬, 게임판 등 여러 가지 크고 작은 교재교구로 수조작 놀이에 참여한다. 수조작 놀이에서 활용되는 교재교구를 자세히 들여다본다.

감각탐색 영역	수조작 영역

✿ 수조작 놀이의 의미

수조작 놀이란 여러 가지 수조작 교재교구로 활동하며, 수에 관한 경험을 확장하는 놀이이다. 유아는 수조작 교재교구로 직접 교재교구를 분리하고, 붙이고, 쌓고, 끼우며 활동한다. 이때 활동의 주체는 유아이다. 유아와 수조작 교재교구 간의 상호작용이 이루어진다. 수에 관한 경험은 수, 모양, 공간에 관한 유아의 인식이나 측정 및 패턴과 자료 분석에 관한 유아의 놀이를 모두 포함한다. 수에 관한 인식은 숫자 읽기, 숫자 쓰기, 일대일 대응하기, 수 세기, 부분과 전체 관계 알기에 관한 경험이다. 모양에 관한 인식은 동그라미, 세모, 네모와 같은 기본 모양을 구분하는 데서 시작하여 점점 확장한다. 공간에 관한 인식은 앞, 뒤, 위, 아래 등의 개념을 경험하는 데 있다. 측정은 물체의 길이, 크기, 무게 등을 비교하는 것이며, 패턴은 제시된 교재교구에서 나타나는 일정한 규칙을 찾아가며 반복 흐름을 경험하는 데 있다. 자료 분석은 수집한 자료를 여러 가지 기준에 따라 나눠보며 그래프로 표현해 본다.

수조작 놀이 과정의 기본은 유아의 움직임이다. 사고를 기반으로 한 유아의 움직임이 자신의 생각을 확인하도록 돕는다. 유아교육기관에서의 놀이 장면을 떠올려본다.

통에 담긴 작은 구슬을 젓가락으로 집어 다른 통에 옮긴 후, 그 수를 세는 유아
칠교로 다람쥐를 표현한 유아
사자 그림 테두리에 나 있는 구멍에 플라스틱 돗바늘로 실 꿰기를 하는 유아
막대를 길이에 따라 순서 짓는 유아
모양 패턴 놀이판을 완성하는 유아
친구들에게 직접 물어 우리 반 친구들이 좋아하는 동물 그래프를 만든 유아

수조작 놀이를 하는 유아의 모습에서 즐거움, 진지함, 성취감이 나타난다. 즉, 수조작 놀이는 유아에게 즐거움을 준다. 수조작 놀이는 학습을 위한 수단으로 다루지 않는다. 예를 들어, 수 조작 놀이를 하며, 유아에게 사칙 연산을 풀도록 안내하지 않는다. 수는 그 자체만으로도 추상적이기 때문이다. 유아는 혼자 또는 친구와 함께 수조작 놀이를 하며, 웃음을 잃지 않는다. 또한 수조작 놀이하는 유아의 모습은 진지하다. 유아는 수조작 놀이를 하며 문제를 발견하고 이를 해결해 가는 과정에서 다양한 방법을 고민하고 직접 수행한다. 문제 해결에 몰입하는 유아의 모습은 진지하다. 유아는 수조작 놀이를 통해 성취감을 느낀다. 오류가 있더라도, 시행착오를 겪더라도, 유아는 문제를 해결하고 주어진 문제를 완수하며 성취감을 느낀다.

수조작 놀이는 유아의 소근육 발달을 돕는다. 유아는 수조작 놀이를 하며 끊임없이 손을 사용한다. 손가락에 힘을 주어 주사위를 세게 돌리고, 손으로 모양을 새롭게 구성한다. 이러한 과정에서 유아는 미세한 근육을 사용하게 되어 소근육 발달을 지원한다. 더불어 수조작 놀이를 통해 유아의 눈과 손의

협응 능력이 발달한다. 구멍에 바늘을 끼우기 위해 유아는 주의를 집중하고, 정확한 위치에 모양 퍼즐을 놓기 위해 애쓰는 놀이의 과정에서 눈과 손의 협응 능력의 발달을 지원한다.

✿ 수조작 놀이 교재교구의 종류

수조작 놀이 교재교구의 종류는 다양하다. 여러 가지 수조작 놀이 교재교구를 살펴본다. 이 과정에서 영아의 감각탐색 놀이를 위한 교재교구도 함께 찾아본다.

감각탐색 교재교구

- 모양 끼우기 공
- 미로 놀이
- 원목 나사 끼우기
- 원목 모양 입체 퍼즐
- 촉감 숫자 카드
- 촉감 퍼즐

쉐이크	고슴도치 촉감 놀잇감	변신 큐브 놀잇감
	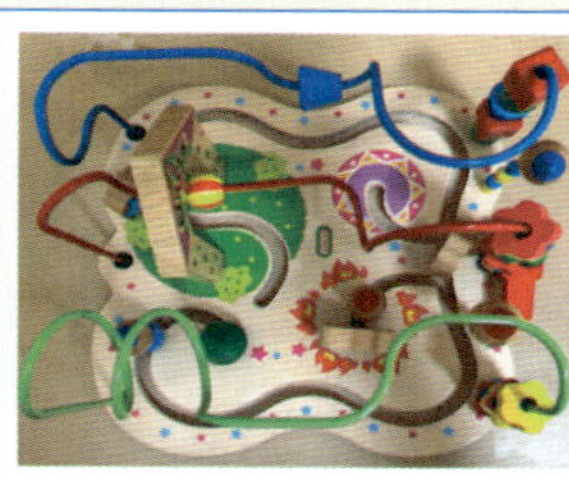	
모양 끼우기	롤러코스터	촉감판

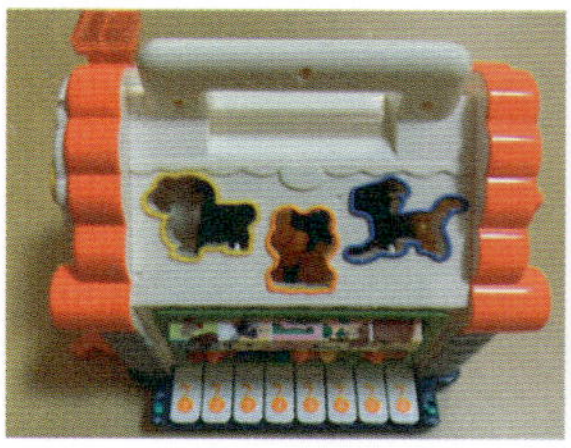	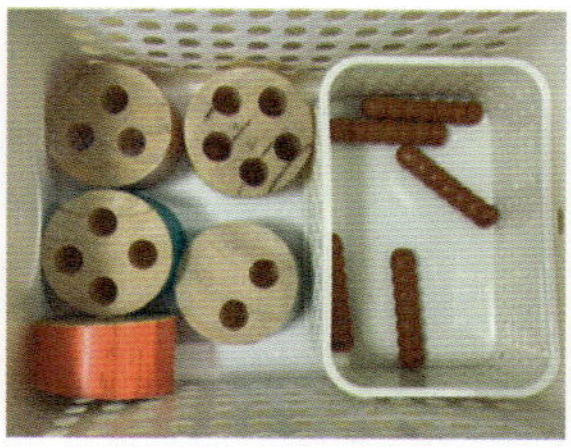	
피아노 퍼즐 맞추기	원목 구멍 끼우기	동물판

수조작 놀이 교재교구

- 게임판
- 고리 끼우기
- 고리 연결하기
- 구슬 끼우기
- 구슬 퍼즐
- 단추 끼우기
- 달력
- 롤러코스터
- 링 수세기
- 막대
- 모양 쌓기
- 부분과 전체 케이크
- 분류 접시
- 분류 집게 또는 젓가락
- 수세기 주판
- 숫자 도장
- 숫자 스티커
- 숫자 주사위
- 숫자 카드
- 스탬프
- 시계

- 아이스크림 쌓기
- 애벌레 끼우기
- 연결 큐브
- 옷 끼우기
- 옷 입히기
- 입체 퍼즐
- 자
- 자동차 실 꿰기
- 작은 나무 블록
- 지오보드
- 집게 연결하기
- 칠교
- 큐브
- 클립 연결하기
- 판 퍼즐
- 패턴 카드
- 패턴 타일
- 페그보드
- 하노이 탑

고리 끼우기

모양 판

모양 맞추기

도형 실 꿰기 페그보드

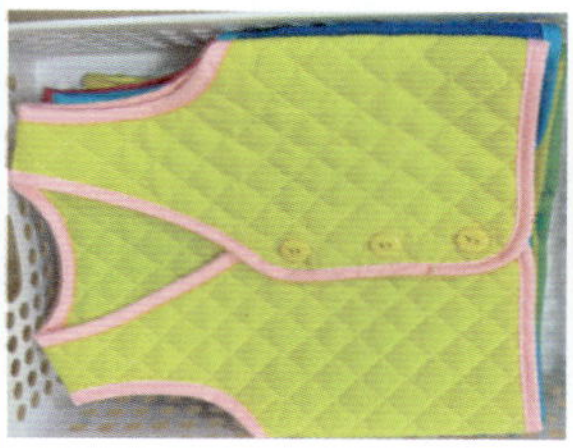
단추 달기

핀 스크린

구슬 퍼즐

아기 돼지 삼 형제 퍼즐

슬라이딩 숫자 퍼즐

동물 실 꿰기

물건 담기

칠교 놀이

궁금이 상자

기린 열매 담기

숫자 구슬 끼우기

✿ 수조작 놀이 교재교구 제작

▌명절 그림 슬라이딩 퍼즐

제작 방법

• **준비물**: 종이, 가위, 우드락, 칼, 시트지, 칼

① 명절 그림을 찾아 종이에 출력한다.
② 출력한 명절 그림을 가위로 오린 후, 우드락 위에 붙이고 칼로 오린다.
③ 명절 그림 우드락 위에 시트지를 붙인다.
④ 명절 그림은 퍼즐 수를 고려하여 칼로 조각을 낸다.
⑤ 게임판 뒤에 명절 그림 테두리를 붙여 완성한다.

지도 방법

① 교사와 유아는 퍼즐에 그려진 명절 그림을 보며 이야기 나눈다.
② 교사와 유아는 퍼즐을 맞추는 방법을 이야기 나눈다.
③ 유아는 맞추고 싶은 퍼즐을 고른다.

④ 유아는 고른 퍼즐을 맞춘다.
⑤ 유아는 퍼즐을 다 맞춘 다음 교사에게 보여준다.
⑥ 교사는 유아에게 퍼즐을 맞출 때의 느낌을 이야기 나눈다.

3. 과학놀이에 활용하기

과학놀이를 할 때, 어떻게 교재교구를 활용할까?

영유아는 과학놀이를 한다. 햇살이 비치는 밝은 곳에 마련된 과학 영역에서 영유아는 과학놀이를 즐긴다. 여러 가지 과학 교재교구로 가득한 과학 영역은 영유아의 호기심을 자극한다. 어떤 영유아는 수조작 영역을 오가며 실험하기에 바쁘다. 어떤 영유아는 언어 영역에서 과학 그림책을 가져와 열심히 읽는다. 영유아 중심의 과학놀이를 촉진해 주는 여러 가지 교재교구를 자세히 살펴본다.

✿ 과학놀이의 의미

과학놀이란 유아에게 과학적 기초 능력을 함양하도록 지원하는 구체적인 경험을 말한다. 과학적 기초 능력은 과학적 태도, 과학 과정기술, 과학 지식(내용)을 포함한다. 과학적 태도는 유아를 과학놀이로 이끌고 참여하는 과정에서 보이는 태도로 호기심, 적극성, 협동성 등을 말한다. 과학 과정기술은 과학놀이를 할 때 활용하는 방법적인 측면으로 관찰과 실험을 포함한다. 물론 실험의 과정에서는 예측이나 추론과 같은 과학 과정기술을 사용한다. 과학 지식은 과학 과정기술을 활용하며 경험하게 되는 내용으로 물리, 화학, 생명과학, 지구과학을 포함한다. 물리는 일상생활 속에서 경험하게 되는 중력,

마찰력, 부력 등과 같은 물리적 힘을 말한다. 화학은 고체와 액체처럼 물질의 상태나 물질의 조합 등을 다룬다. 생명과학은 인체에 관한 내용뿐 아니라 동물과 식물에 관한 내용을 담는다. 지구과학은 지구와 우주에 관한 내용을 포함한다.

유아는 끊임없이 궁금증을 가지며 과학놀이를 한다. 유아들의 과학놀이는 엉뚱하다고 생각될 만큼, 교사의 사고로 이해하기 어려운 영역에 있기도 하다. 과학놀이를 즐기는 유아들의 모습을 살펴본다.

여러 가지 동물 인형을 물에 띄워 보는 유아
색안경을 끼고 색을 혼합해 보는 유아
고구마에 물을 주는 유아
지구본을 돌려보는 유아

유아는 여러 가지 과학놀이를 즐긴다. 교재교구가 적절히 배치되면, 유아의 과학놀이는 활성화 된다. 유아 과학놀이는 유아 자신과 주변 세계에 관한 지식을 확대한다. 과학놀이를 하며, 유아는 자신의 신체 구조와 기능을 알아간다. 자신에 대한 관심은 이후 주변 세계로 확대되어 동물, 식물, 지구, 도구와 기계로 나아간다. 이 과정에서 유아는 물리적 지식뿐 아니라 논리 · 수학적 지식을 습득한다.

또한 유아 과학놀이는 유아의 인지 발달을 돕는다. 과학놀이는 사고하는 과정을 수반한다. 유아기는 비논리적으로 사고하는 시기지만, 구체물을 통한 직접적 경험은 유아의 사고력 증진에 도움을 준다.

✿ 과학놀이 교재교구의 종류

- 거울
- 계산기
- 계산대
- 곡식 실물 자료
- 곤충 모형

- 공
- 과학자 그림책
- 관찰 기록지
- 나침반
- 날씨 판
- 노트북 놀잇감
- 달팽이
- 돋보기
- 돌
- 동물 그림책
- 동물 사전
- 동물 짝 짓기
- 동물 카드
- 동물 포스터
- 동물(공룡 등) 모형
- 동물이 사는 곳
- 루페
- 만화경
- 모래시계
- 모종
- 배 모형
- 색 물감
- 색안경
- 소금, 설탕
- 소화 모형
- 손전등
- 스마트 폰 놀잇감
- 스포이드
- 식물 그림책

- 식물 씨앗
- 식물 카드
- 식물 포스터
- 식물(과일, 채소, 나무, 꽃 등) 모형
- 식물(과일, 채소, 나뭇잎, 꽃잎 등) 말린 자료
- 쌍안경
- 양팔 저울
- 옷감
- 인체 모형
- 자
- 자동차 모형
- 자석
- 줄자
- 지구본
- 집게
- 착시 자료
- 체
- 치아 모형
- 타이머
- 태양계 판
- 현미경

색 혼합 돋보기

돋보기

동물 색깔 돋보기

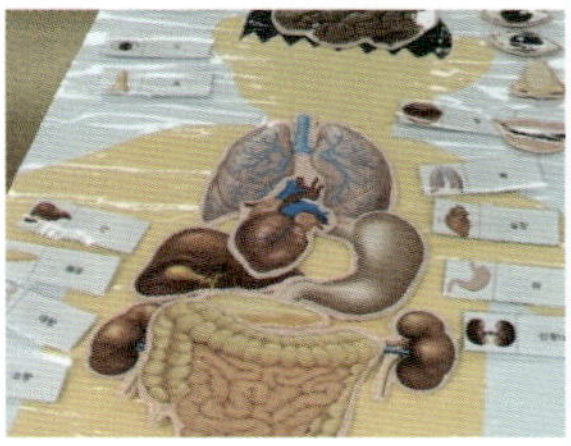
몸의 기관

동물 먹이

바다 생물 모형

관찰 놀잇감

과일 씨

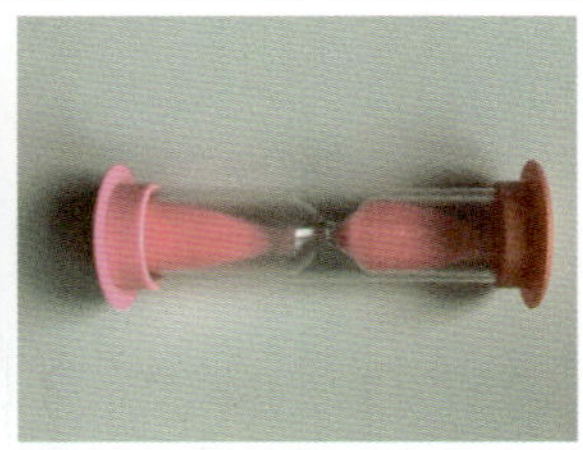
모래시계

바닷속 탐험하기

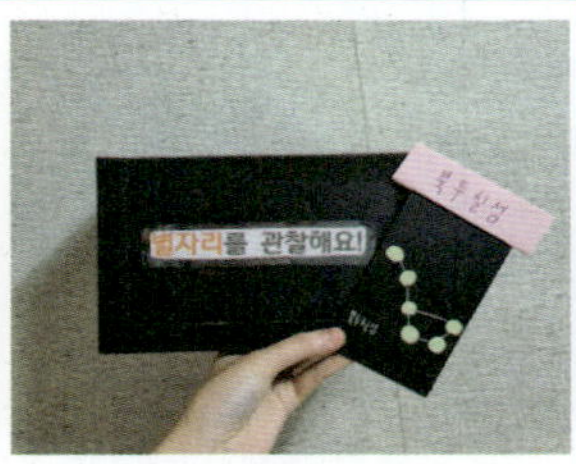

별자리를 관찰해요!

별자리 판

태양계 친구들

태양계 카드

자석

✿ 과학놀이 교재교구 제작

▌별자리

제작 방법

• **준비물**: 키친타월 원통, 가위, 검은색 시트지, 고리

① 키친타월 원통을 위에서 가위로 오린다.
② 키친타월 원통을 검은색 시트지로 붙인다.
③ 키친타월 원통의 윗부분을 가위로 오린다.
④ 키친타월 원통에 야광 별 스티커를 붙여서 꾸민다.
⑤ 별자리 카드와 함께 제공한다.

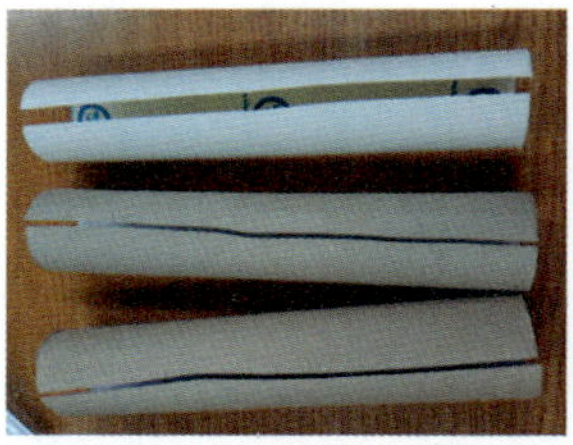

지도 방법

① 교사와 유아는 별을 본 경험을 이야기 나눈다.
② 교사는 유아에게 별자리 그림 카드를 보여준다.
③ 교사는 유아에게 원통으로 별자리를 보도록 안내한다.
④ 교사는 유아와 찾아본 별자리에 관해 이야기 나눈다.

전통 놀이를 찾아라

제작 방법

- **준비물**: L자 파일, 네임펜, 유성 사인펜, 검은 도화지, 띠 테이프, 우드락, 부채, 가위, 흰 도화지, 끈

① L자 파일 위에 네임펜으로 전통 놀이 그림을 그린다.
② L자 파일 전통 놀이 그림에 따라 유성 사인펜으로 색칠한다.
③ L자 파일 그림 뒤에 검은 도화지를 붙인 다음 띠 테이프로 우드락에 붙인다.
④ 사용하지 않는 부채를 3등분하여 가위로 오린다.
⑤ 오려진 부채의 가운데 부분에 흰 도화지를 붙인다.
⑥ L자 파일지 하드보드지 판의 뒷부분에 오려진 부채를 끝으로 연결한 후, 띠 테이프로 붙인다.
⑦ L자 파일 아래로 부채를 넣어, 전통 놀이 그림을 살펴본다.

지도 방법

① 교사와 유아는 전통 놀이 퀴즈를 통해 맞히기 놀이를 한다.

② 교사와 유아는 전통 놀이를 찾아라 교재교구에 보이지 않는 전통 놀이를 말해 본다.
③ 교사는 유아에게 전통 놀이를 찾는 방법을 질문한다.
④ 유아는 부채 부분을 투명 필름지 아래에 넣어 전통 놀이를 찾아본다.
⑤ 교사와 유아는 찾은 전통 놀이를 이야기 나눈다.

4. 미술놀이에 활용하기

미술놀이를 할 때, 어떻게 교재교구를 활용할까?

영유아는 미술놀이를 한다. 미술 영역에서 주로 영유아는 미술놀이를 한다. 미술 영역에는 여러 가지 미술 교재교구와 재료가 교구장에 비치되어 있으며, 책상도 놓여 있다. 미술 영역에는 정리정돈을 돕는 작은 쓰레기통도 마련되어 있다. 영유아가 다 만든 자신만의 작품을 전시할 수 있는 게시판도 미술 영역에 있다. 미술 영역에서 영유아는 자신만의 생각을 그림, 모양, 색으로 표현한다.

미술 영역

✿ 미술놀이의 의미

미술놀이란 유아에게 미술 경험을 통해 예술적으로 표현하는 놀이이다. 유아의 미술 경험은 크게 세 가지를 포함한다.

첫째, 그리기이다. 유아는 미술놀이를 하며 다양한 그리기를 시도한다. 유아가 그림을 그리는 주제나 도구는 다양하다. 그리는 기법도 여러 가지이다. 유아의 그리기 주제는 나, 가족, 우리 유치원, 우리 동네, 우리나라, 세계 여러 나라, 동물, 식물, 교통기관, 우주, 봄, 여름, 가을, 겨울 등이 있다. 그리기 주제에서 유아의 경험을 살펴볼 수 있다. 그리기 도구는 색연필, 사인펜, 크레파스, 매직, 연필, 파스텔을 포함한다. A4용지에 그릴 수 있고, 색지, 한지에 그릴 수도 있다. 그리기 기법은 그리기뿐 아니라, 긁어 그리기, 문질러 그리기 등 여러 가지이다.

둘째, 만들기이다. 유아는 미술놀이를 하며 입체적으로 만들기를 경험한다. 상자를 붙여서 만드는가 하면, 종이를 오려 붙여 만들기를 한다.

셋째, 감상하기이다. 유아의 미술 경험은 다양한 예술 작품을 감상하고 그 느낌과 생각을 나누는 놀이를 포함한다. 다양한 예술 작품은 자신과 친구의 그림뿐 아니라 화가의 그림, 구조물도 포함한다.

미술놀이를 하는 유아의 모습에서 즐거움과 아쉬움을 함께 볼 수 있다. 그림이나 작품에서 자신의 생각을 마음껏 표현하며 즐거움을 느낀다. 자신의 작품을 본 교사와 또래가 칭찬을 하면, 유아의 즐거움은 더해진다. 때로는 생각한 대로 표현을 하지 못하거나 만들어지지 않는 데서 아쉬움을 느낀다. 미술놀이를 하며 유아의 다양한 모습을 만난다.

숲 체험에서 본 꽃을 그리는 유아
스크래치 종이에 겨울을 그리는 유아
점토로 과일을 만드는 유아
부채를 꾸미는 유아
반 고흐의 작품을 감상하는 유아
색종이를 접는 유아

유아에게 미술놀이의 중요성은 여러 측면에서 살펴볼 수 있다. 미술놀이는 유아의 창의력 발달을 돕는다. 창의력이란 새로운 무언가를 만들어내는 능력이다. 창의력은 무에서 유가 아닌 유에서 유로 나타난다. 미술놀이를 하는 과정에서 다양한 특성을 지닌 자료들을 탐색하고, 활용해 본 경험은 유아의 창의력 발달을 돕는다. 유아는 기존의 다양한 자료에 관한 경험을 바탕으로 또 다른 그림이나 조형물을 만들어낸다. 이러한 미술놀이의 과정과 결과는 그 자체로 격려와 존중을 받는다. 수행 평가로 그 점수를 부여받는 미술놀이의 과정이 아니므로, 유아는 표현에 쓰인 재료나 과정을 통해 좋은 점을 듣게 된다. 교사는 유아의 생각, 표현, 미술 작품 그대로를 인정해 주어, 다양한 표현력을 존중한다. 이는 유아에게 더 많은 미술놀이를 경험하도록 하며 창의력 발달을 가져온다.

미술놀이를 통해 유아는 감정을 표현하고 조절하는 방법을 배운다. 사회적 존재인 유아는 사회에서 바람직한 방법으로 감정을 표현하는 방법을 배워야 한다. 미술놀이를 하는 과정에 유아는 자신의 기쁨, 행복과 같은 긍정 정서뿐 아니라 화, 분노와 같은 부정 정서도 자연스럽게 표현한다. 이러한 감정을 바람직한 방법으로 조절한다. 특히, 언어적 의사소통으로 자신의 감정을 충분히 표현하지 못하는 유아에게 미술은 감정을 표현하고 조절하는 좋은 매체이다. 따라서 미술놀이는 유아의 정서 발달을 지원한다.

✿ 미술놀이 교재교구의 종류

- EVA
- 과자 상자
- 깃털
- 나무 조각
- 눈알
- 도화지
- 롤러 도장
- 매직
- 골판지
- 구슬
- 끈
- 네임펜
- 데코 찍기
- 띠 테이프
- 리본
- 명화

- 모루
- 물감
- 미니 휴지통
- 병풍책
- 뽕뽕이
- 색연필
- 색지
- 스케치북
- 스탬프
- 스탬프 잉크패드
- 스티커
- 신문지
- 아이클레이
- 연필
- 요구르트병
- 우유 상자
- 은박지
- 접시
- 종이접기 책
- 집게
- 찰흙
- 테이프
- 티슈
- 페트병
- 폼 클레이
- 플레이콘
- 한지
- 몰드
- 미니 빗자루
- 방울
- 붓
- 사인펜
- 색종이
- 수수깡
- 스크래치 종이
- 스탬프 마커
- 스텐실 카드
- 스팽글
- 아이스크림 막대
- 안전 가위
- 연필깎이
- 요플레병
- 원목 롤 페이퍼 거치대
- 점토
- 종
- 종이컵
- 찍찍이와 보들이
- 크레파스
- 투명 볼
- 펀치
- 펠트지
- 풀
- 핑킹 가위

색연필, 크레파스

사인펜

모양 펀치

스티커, 플레이콘

테이프

가위

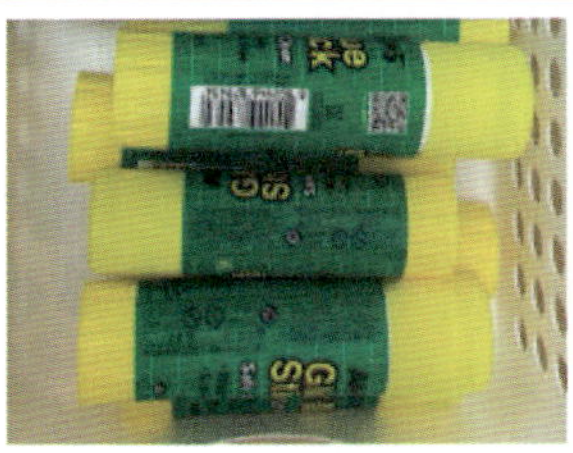
풀

밀대

모양틀

클레이

종이컵

신문

사진 보고 만든 교실

✿ 미술놀이 교재교구 제작

죽방울을 만들어요

제작 방법

• **준비물**: 용기(플라스틱), 유성 펜, 송곳, 빵 끈, 나무젓가락, 털실, 솔방울

① 용기 부분은 유성 펜으로 그림을 그려 꾸민다.

② 용기 가운데에 송곳으로 구멍을 뚫는다.

③ 빵 끈 2개로 구멍과 구멍을 연결하여 용기의 뒷부분으로 뺀다.

④ 용기를 뒤집은 다음, 빵 끈과 빵 끈 사이로 나무젓가락을 끼운다.

⑤ 나무젓가락의 끝부분에 털실을 이용하여 솔방울을 묶는다.

지도 방법

① 교사는 유아에게 솔망울을 보여주며 이야기 나눈다.

② 교사는 유아에게 솔망울로 만든 죽방울을 보여준다.

③ 교사와 유아는 죽방울을 만드는 방법을 이야기 나눈다.

④ 유아는 자신만의 죽방울을 만든다.

⑤ 유아는 만든 죽방울을 소개한다.

⑥ 교사는 유아와 죽방울로 할 수 있는 놀이를 생각한다.

로봇을 꾸며요

제작 방법

- **준비물**: 로봇 그림, 종이, 유성펜, 검정 색지, 가위, 양면 테이프, 펀치, 할핀(똑딱 원형 할핀), 고리

① 로봇 그림을 종이에 출력한다.

② 로봇 그림을 유성펜으로 꾸민다.

③ 꾸민 로봇 그림은 검정 색지에 붙인다.

④ 로봇 그림을 모양대로 가위로 오린다.

⑤ 앞면 로봇 그림의 뒷부분에 양면 테이프를 붙인 다음, 뒷면 로봇 그림을 붙인다.

⑥ 로봇의 연결 부분에 펀치로 구멍을 뚫는다.

⑦ 구멍을 낸 부분에 할핀을 끼워 로봇을 연결한다.

⑧ 로봇의 가장 윗부분은 고리를 끼운다.

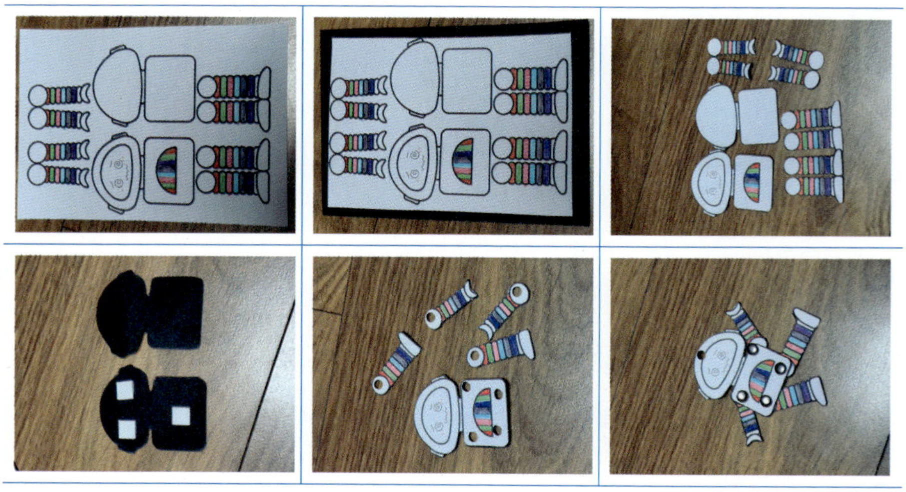

지도 방법

① 교사와 유아는 여러 가지 로봇에 관해 이야기 나눈다.

② 교사는 유아에게 자신이 꾸민 로봇을 보여준다.

③ 교사와 유아는 로봇을 꾸며요에 필요한 자료를 살펴본다.

④ 유아는 교사가 출력해 준 로봇 그림을 유성펜으로 꾸민다.

⑤ 유아는 순서에 따라 로봇을 꾸며 완성한다.

⑥ 교사와 유아는 다 만든 로봇을 비교하며 살펴본다.

5. 음률놀이에 활용하기

음률놀이를 할 때, 어떻게 교재교구를 활용할까?

영유아는 음률놀이를 한다. 여러 가지 악기가 있는 음률 영역에서 친구와 신나게 놀이한다. 아주 활기찬 음률 영역은 영유아와 악기 소리로 시끌시끌하다. 그래서 음률 영역은 문 가까이에 배치한다. 음률 영역에서의 즐거운 놀이에 관해 조금 더 살펴본다.

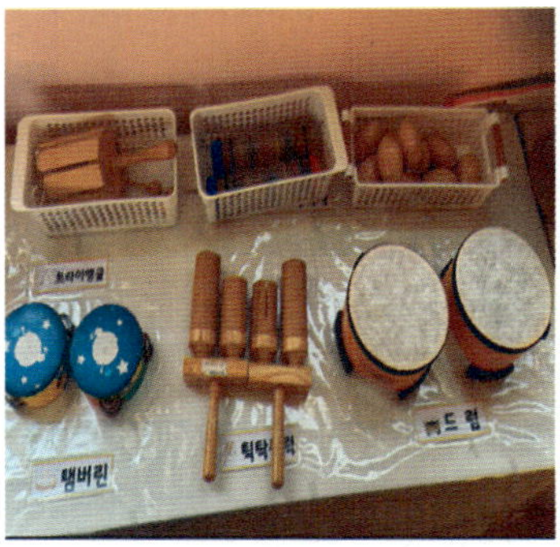

음률 영역

✿ 음률놀이의 의미

음률놀이는 미술처럼 예술 영역에 포함된다. 음률놀이란 유아에게 음악적 경험을 바탕으로 예술적 표현을 해 보도록 지원하는 놀이이다. 음악적 경험은 노래 부르기, 악기 연주하기, 감상하기를 포함한다. 노래 부르기는 동요를 포함하여 여러 가지 장르의 음악을 듣고, 불러 보는 경험이다. 원곡 그대로 노래를 부르는가 하면, 개사해서 부르기도 한다. 율동을 하며 부르는 유아도 있다. 악기 연주하기는 여러 가지 악기를 직접 연주해보는 놀이이다. 이 과정에서 유아는 악기를 탐색하며 그 소리에 귀 기울인다. 악기를 연주하며 노래도 불러본다. 때로는 여러 장르의 음악을 감상한다. 온전히 음악 듣기에 집중한다.

음률놀이를 하는 유아의 모습은 어떨까? 즐거움으로 가득한 유아의 음률놀이 장면을 떠올려본다.

친구와 함께 핸드벨을 연주하며 노래를 부르는 유아
실로폰을 연주하는 유아
거울을 보며 음악에 따라 율동을 하는 유아
여러 가지 북으로 난타를 해 보는 유아

유아는 자연스럽게 노래를 흥얼거리며 음률놀이를 한다. 음악이 나오면

누가 말하지 않아도 자연스럽게 몸을 흔든다. 신체 표현이 정확하지 않아도 그 자체를 즐긴다. 이러한 음률놀이는 유아의 타고난 음악성을 함양하도록 지원한다. 유아는 누구나 음악성을 가지고 있다. 음악을 듣고 나름대로 음악을 표현한다. 이러한 음악성은 음률놀이를 통해 더욱 발달한다.

음률놀이는 유아에게 예술적 아름다움을 경험하도록 돕는다. 유아는 음률놀이를 하며, 다양한 음악을 접한다. 다양한 노래, 다양한 음악, 다양한 악기 소리를 접하며 그 아름다움을 경험한다. 그 속에서 유아는 행복감을 느낀다.

✿ 음률놀이 교재교구의 종류

- 동요판
- 롤링 피아노 건반
- 리본
- 리본 막대
- 리코더
- 마라카스
- 마이크
- 방울 팔찌
- 보자기
- 빨래판
- 소고
- 스카프
- 실로폰
- 악보
- 에그 쉐이크
- 오션 드럼
- 오카리나
- 우드악기
- 우쿨렐레

- 음악가
- 카바사
- 칼림바
- 캐스터네츠
- 컵타 컵
- 케이지 벨
- 탬버린
- 트라이앵글
- 핸드벨
- 허리띠

케이지 벨	기타	소고
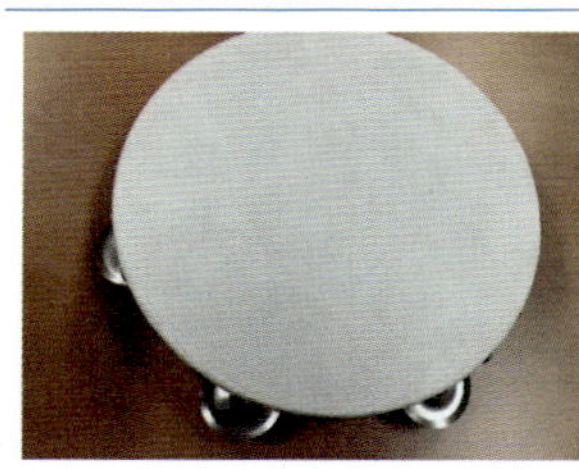	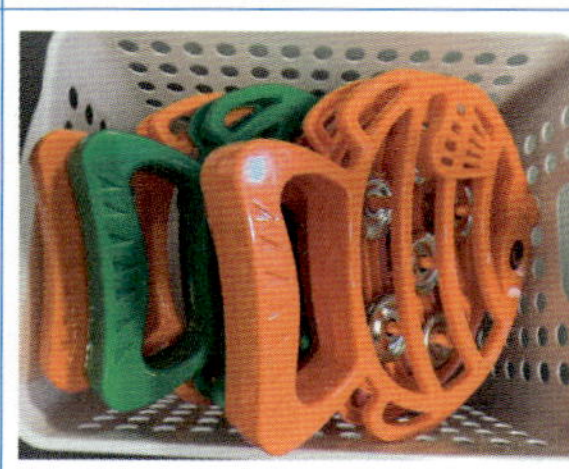	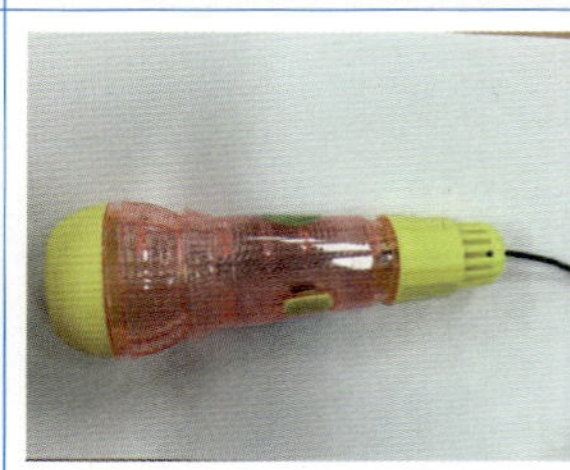
탬버린	탬버린	마이크

터치벨	마라카스	

✿ 음률놀이 교재교구 제작

꽹과리를 만들어요

제작 방법

• **준비물**: 전통 문양 그림 종이, 가위, 접시, 풀, 송곳, 모루, 막대, 장식품

① 전통 문양 그림이 그려진 종이를 가위로 오린다.
② 접시에 전통 문양 그림 종이를 풀로 붙인다.
③ 접시에 송곳으로 구멍을 뚫은 다음, 모루를 끼운다.
④ 막대에 장식품을 붙인다.

지도 방법

① 교사는 유아에게 꽹과리를 보여준다.
② 유아는 꽹과리를 탐색한다.
③ 교사는 유아에게 꽹과리 연주 방법을 시범 보인다.
④ 유아는 꽹과리를 연주해 본다.

⑤ 교사와 유아는 동요를 정해 꽹과리를 연주해 본다.
⑥ 교사는 유아에게 꽹과리를 연주해 본 느낌을 물어본다.

6. 역할놀이에 활용하기

역할놀이를 할 때, 어떻게 교재교구를 활용할까?

영유아는 역할놀이를 한다. 마치 집 같기도 하고, 음식점 같기도 한 역할놀이 영역에서 역할놀이를 한다. 역할놀이 영역 옆에는 쌓기놀이 영역이 있다. 영유아는 역할놀이 주제에 따라 쌓기 놀잇감을 가져와 놀이한다. 여러 명의 영유아들이 함께 협동 놀이를 하며, 즐겁게 놀이에 참여한다. 역할놀이는 놀이 주제의 다양성만큼, 여러 가지 교재교구를 배치해 주어야 한다.

역할놀이 영역

✿ 역할놀이의 의미

역할놀이란 유아의 직 · 간접 경험을 바탕으로 마치 ~하는 것과 같이 가작화하여 진행하는 놀이이다. 직접 병원을 다녀온 유아는 병원 놀이를 하고,

직접 마트를 다녀온 유아는 시장놀이를 한다. 동영상을 통해 간접적으로 동계 올림픽을 본 유아는 동계 스포츠를 표현해보고, 동화를 통해 간접적으로 비행기를 타본 유아는 스튜어디스 놀이도 해 본다. 이처럼 유아를 대상으로 한 역할놀이는 유아의 경험과 관련 있다.

역할놀이는 가작화를 바탕으로 이루어진다. 가작화는 사람, 시간, 장소, 상황에 따라 나타난다. 사람으로는 마치 엄마, 아빠, 교사, 아나운서가 된 것처럼 유아는 그 역할을 해 본다. 시간은 오전 식사 시간, 낮잠 자는 시간이 될 수 있다. 장소는 집, 유아교육기관, 놀이터, 캠핑장이 될 수 있다. 상황은 병원 가기, 미용실 가기, 기차 타기, 크리에이터 되어보기, 동물원 가기 등 다양하다. 유아의 상상력이 더해져 다양한 가작화가 나타난다.

유아는 자신에게 주어진 역할을 수행하며 역할놀이를 한다. 각자에게 주어진 역할을 잘 수행할 때, 자연스럽게 서로에 대한 배려를 배운다. 역할놀이를 하는 유아의 모습을 상상해 보자.

빵가게 놀이를 하는 유아
붕어빵 가게 놀이를 하는 유아
경찰관이 되어 보는 유아
공항 놀이하는 유아
캠핑 놀이하는 유아
패션쇼 놀이하는 유아
방송국 놀이하는 유아

역할놀이를 통해 유아는 사회적 기술을 습득한다. 사회적 기술이란 다른 사람과 함께 어우러져 살아가는 데 필요한 기술로 협력하고, 배려하며, 양보하고 나누는 경험을 말한다. 유아는 역할놀이를 하며 자연스럽게 서로의 생각을 나누고 존중하는 방법을 배운다. 역할을 나눌 때는 친구에게 양보를 하고, 교재교구를 함께 나누며 놀이한다.

또한 역할놀이는 의사소통 능력을 기르는데 도움을 준다. 유아는 역할놀이 상황에 맞게 말하고 행동한다. 자신에게 주어진 역할에 맞게 의사소통할 때, 놀이는 더욱 활발히 이루어진다. 따라서 유아는 역할놀이를 하며 의사소통 능력을 기른다.

✿ 역할놀이 교재교구의 종류

- 가게 놀이 세트 교재교구(계산대, 카드, 물품 등)
- 가방
- 경찰 놀이 자료(경찰 모자, 무전기 등)
- 공항 놀이 세트(여권, 검색대, 캐리어 등)
- 과일 모형
- 구두
- 꽃 가게 용품(꽃, 바구니 등)
- 냉장고
- 머리띠
- 모자
- 미용실 놀이 세트 교재교구(드라이기, 거울, 빗 등)
- 병원놀이 세트 교재교구(의사 가운, 청진기, 주사기, 약봉지 등)
- 분식 놀이 세트 교재교구(김밥, 떡볶이, 어묵 등)
- 붕어빵 놀이 세트 교재교구(붕어빵 기계, 붕어빵, 가게 등)
- 생선 모형
- 세탁기
- 소꿉놀이 세트(컵, 그릇, 수저, 바구니 등)
- 소방관 놀이 자료(소방관 헬멧, 소화기 등)
- 손가락 인형
- 스마트 폰
- 아기 띠
- 여러 나라 의상
- 여러 직업 의상
- 유모차

- 인형
- 전통 의상
- 지갑
- 지하철 물품
- 채소 모형
- 청소기
- 카메라
- 카페 용품(메뉴판, 컵, 진동 벨 등)
- 캠핑용품 세트(소형 텐트, 랜턴, 그릇, 음식, 의자 등)
- 케이크
- 포대기
- 화장대

핸들	카메라	카메라
		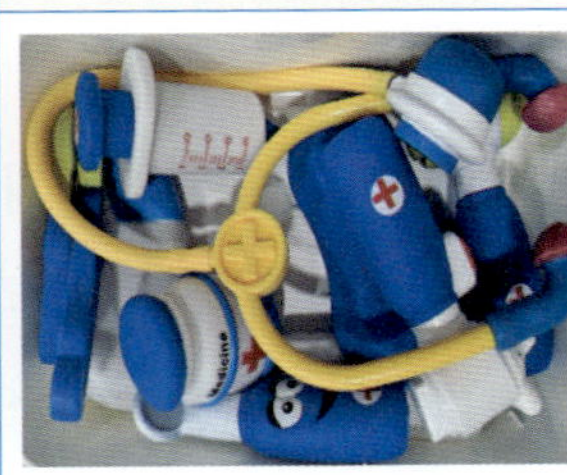
인형	미용실 놀이	병원 놀이

채소, 빵	소꿉놀이	소꿉놀이

전자레인지

계산기

낚시 놀이

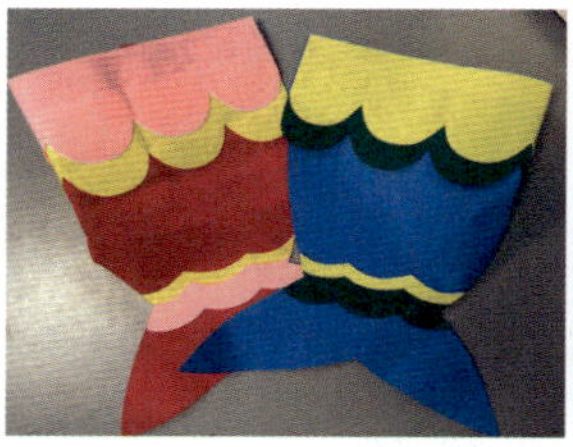

물고기 의상

잠수 놀이

붕어빵 가게 놀이

✿ 역할놀이 교재교구 제작

▌피자를 만들어요

제작 방법

- **준비물**: 연필, 펠트지, 가위, 바늘, 실, 솜

① 연필로 펠트지에 피자 조각과 토핑을 그린다.
② 피자 조각과 토핑 그림을 가위로 오린다.
③ 바늘과 실을 이용하여 2장으로 겹친 피자 조각과 토핑 그림에 버튼홀스티치 바느질을 한다.
④ 창구멍을 남기고 피자 조각과 토핑 그림을 바느질한다.
⑤ 피자 조각과 토핑 그림의 창구멍으로 솜을 넣는다.
⑥ 창구멍을 바느질하여 피자 조각과 토핑 그림을 완성한다.

지도 방법

① 교사와 유아는 피자 가게를 가본 경험을 이야기 나눈다.
② 교사는 유아에게 피자 가게 놀이를 제안한다.
③ 교사는 유아에게 피자를 만들어요 교재교구를 보여준다.
④ 교사와 유아는 교재교구를 이용하여 여러 가지 피자를 만들어 이름을 붙여본다.
⑤ 교사와 유아는 역할을 정해 피자 가게 놀이를 해 본다.
⑥ 교사와 유아는 역할을 바꾸어 피자 가게 놀이를 해 본다.
⑦ 교사는 유아에게 피자를 만들어요 교재교구로 해 볼 수 있는 놀이를 확장해 보도록 안내한다.

7. 쌓기놀이에 활용하기

쌓기놀이를 할 때, 어떻게 교재교구를 활용할까?

영유아는 쌓기놀이를 한다. 쌓기놀이 영역에서 이루어지는 쌓기놀이는 역할놀이 영역 옆에 배치된다. 쌓기놀이를 하며 만든 의자, 책상은 역할놀이를 할 때도 쓰인다. 쌓기놀이를 할 때 발생하는 소음을 줄이기 위해서는 매트를 깔아둔다. 쌓기놀이에 필요한 교재교구를 살펴본다.

쌓기놀이 영역

쌓기놀이 영역

✿ 쌓기놀이의 의미

쌓기놀이란 교재교구를 이용하여 무언가를 구성하는 놀이이다. 쌓기놀이에 이용되는 교재교구는 블록, 상자 등 다양하다. 쌓기놀이를 하며 유아는 물건을 만들고, 건물을 짓고, 공간을 구성한다.

쌓기놀이를 하는 유아의 모습을 상상해 본다.

팽이를 만들어 경기를 하는 유아
유아교육기관을 만든 유아
놀이터를 구성한 유아
동물원을 만든 유아
컵을 쌓는 유아
탑을 쌓는 유아
벽돌집을 쌓는 유아
자석 블록으로 로봇을 만든 유아
몰펀으로 자동차를 만든 유아

쌓기놀이는 유아의 눈과 손의 협응 능력 발달을 돕는다. 계획한 위치에 블록을 올릴 때, 원하는 쌓기놀이가 가능하다. 이를 위해 유아는 올려야 하는 위치를 파악하고, 조심히 블록을 올린다. 때로는 블록을 끼운다. 이러한 과정에서 눈과 손의 협응 능력이 발달한다. 또한 유아는 쌓기놀이를 하며 블록을 쌓고, 끼우고, 또 분리한다. 작은 블록을 잡아 조작하는 과정에서 유아의 소근육이 발달한다. 쌓기놀이는 단독으로도 이루어지지만, 역할놀이처럼 또래와 함께 이루어지는 대표적 놀이이다. 무엇을 쌓고, 어떻게 쌓을지를 유아는 또래와 상의한 후, 함께 블록을 쌓는다. 쌓은 블록으로 유아는 놀이를 하며 또래와 의사소통한다. 블록을 쌓으며, 원만한 사회적 관계를 맺고 유지하는데 필요한 사회적 기술을 습득한다.

✿ 쌓기놀이 교재교구의 종류

- 꽃잎 블록
- 눈송이 블록
- 사각 블록
- 소프트 블록
- 스펀지 블록
- 우레탄 블록
- 유닛 블록
- 자석 블록
- 종이벽돌블록
- 가베
- 도미노
- 레고
- 몰펀
- 상자
- 젠가
- 종이컵
- 교통표지판 모형
- 동물 모형
- 사람 모형
- 자동차 모형

EVA 블록	소프트 블록	빌딩(이지) 블록

베베 블록	큰 사각(와플) 블록	미니 사각(와플) 블록

종이벽돌블록	원목 블록	레고 블록

몰펀	자석 블록	나무 블록(젠가)

관절 블록	눈꽃송이 블록	과학(말랑) 블록
	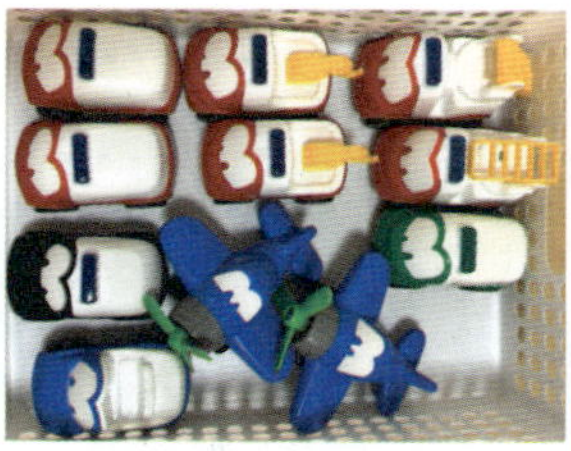	
동물 모형	교통수단 모형	교통수단 모형

✿ 쌓기놀이 교재교구 제작

▌동물 종이컵

제작 방법

- **준비물**: 동물 그림, 식물 그림, 종이, 가위, 종이컵(흰색), 풀, 색연필, 색종이, 테이프

① 유아가 좋아하는 동물 그림과 식물 그림을 종이로 출력한 후 가위로 오린다.

② 오린 동물 그림과 식물 그림은 종이컵에 풀로 붙인다.

③ 색연필로 종이컵을 꾸민다.

④ 색종이로 동물의 꼬리를 만든 후, 테이프로 종이컵에 붙인다.

지도 방법

① 교사는 유아에게 동물과 식물 종이컵을 보여준다.

② 교사와 유아는 각 각의 종이컵에 그려진 동물과 식물을 살펴본다.

③ 교사와 유아는 동물과 식물 종이컵을 쌓는 방법을 이야기 나눈다.

④ 교사와 유아는 번갈아 가며 종이컵을 쌓는다.

⑤ 교사와 유아는 완성된 모양을 살펴본다.

8. 바깥놀이에 활용하기

바깥놀이를 할 때, 어떻게 교재교구를 활용할까?

햇살이 적당히 비추고 미세먼지와 황사가 없는 날, 영유아는 바깥놀이를 하러 나가기 위해 신발을 신는다. 영유아는 바깥으로 나오자마자 신나게 뛰며 놀이터로 향한다. 놀이터에 있는 미끄럼틀을 계속해서 오른다. 물길을 만들어, 모형 배를 띄어보기도 한다. 적당한 햇살과 그늘, 마음껏 뛰어다닐 수 있는 넓은 공간은 영유아의 바깥놀이를 지원한다. 바깥놀이에 활용하기를 통해, 영유아의 바깥놀이와 교재교구를 조금 더 살펴본다.

✿ 바깥놀이의 의미

바깥놀이란 유아에게 실외 공간에서 이루어지는 모든 놀이를 말한다. 실외 공간에 놀이터가 있다. 또한 모래 놀이 공간도 있고, 텃밭도 있다. 휴식할 수 있는 의자도 있다. 이 공간에서 유아는 여러 가지 놀이를 한다.

바깥놀이를 하는 유아의 모습은 어떨까? 땀을 흘리지만 한없이 즐거운 유아의 모습을 찾아볼 수 있다.

미끄럼틀을 타는 유아
그림자 놀이를 하는 유아
막대로 그림을 그리는 유아
여우야, 여우야 놀이를 하는 유아
바람개비 놀이를 하는 유아
모래 놀이를 하는 유아

유아는 유아교육기관에서 하루 일과를 보내며 바깥놀이 시간을 기다린다. 날씨로 인해, 바깥놀이를 할 수 없을 때는 그만큼 실망한다. 대체 놀이를 하지만, 바깥놀이만을 기다렸던 유아는 아쉽다고 말한다. 바깥놀이는 유아에게 자연의 변화를 몸소 경험하도록 지원한다. 유아는 바깥놀이를 하며, 사계절의 변화를 자연스럽게 경험한다. 유아는 봄, 여름, 가을, 겨울의 나무가 다르고, 피는 꽃이 다양함을 스스로 발견한다. 계절의 변화에 따라 기온이 변하고 유아의 옷차림도 달라지게 됨을 알아간다.

또한, 유아는 바깥놀이를 하며 교실에서보다 대근육을 더 많이 사용한다. 바깥이라는 넓은 공간에서 마음껏 뛰기, 꼭꼭 숨기, 놀이기구에 오르고 내리기 등 다양한 바깥놀이를 진행하며 대근육을 활용한다. 유아의 대근육 발달이 촉진된다.

✿ 바깥놀이 교재교구의 종류

- 공
- 낙하산
- 모래 트럭
- 모래놀이 몰드
- 물통
- 배드민턴
- 연
- 제기
- 줄넘기
- 집게 모드
- 훌라후프

✿ 바로 맞히는 문제 ✿

교재교구를 어디에 배치해야 할까요?	
크기가 다른 공	① 언어 영역
숫자 달력	② 수조작 영역
손 인형	③ 과학 영역
백업	④ 미술 영역
과학자 그림책	⑤ 음률 영역
	⑥ 쌓기 영역
	⑦ 역할놀이 영역
	⑧ 바깥놀이 영역

✿ 바깥놀이 교재교구 제작

바람개비 만들기

제작 방법

• **준비물**: 색종이, 가위, 풀, 핀, 수수깡

① 색종이로 삼각 접기를 두 번 한다.
② 접은 색종이를 펼친 다음, 각 모서리에서 색종이의 가운데 부분 중 반만 가위로 오린다.
③ 네 모서리를 각각 색종이의 가운데 부분에 말아 풀로 붙인다.
④ 색종이의 가운데에 핀으로 수수깡을 꽂는다.

지도 방법

① 교사와 유아는 색종이를 꾸민 후, 바람개비를 만든다.
② 교사와 유아는 바람개비의 움직임을 탐색한다.
③ 바깥으로 나가, 유아는 바람개비를 날려본다.
④ 유아는 크기가 다른 바람개비의 움직임을 관찰한다.
⑤ 유아는 마음껏 뛰어다니며 바람개비를 날려본다.

Chapter **08**

영유아 교과교재를 활용하기: 활동편

사자 반 교실과 사슴 반 교실에서는 겨울을 주제로 한 놀이가 한창이다.
유아의 놀이를 관찰한 각반 교사는 앞으로 진행할 활동을 고민한다.
사자 반 교사는 유아와 함께 신체 활동을 해 보기로 생각한다.
사자 반 교사는 유아에게 겨울 놀이에 관해 질문한 후
썰매 타기, 연날리기, 팽이치기를 하는 모습을 몸으로
표현해 보자고 제안할 계획이다.
활동을 하기 전에는 겨울 놀이 모습을 담은 사진으로
이야기 나누기 자료를 만들려고 한다.
사슴 반 교사는 유아와 함께 얼음낚시 게임을 진행하려고 한다.
사슴 반 교사는 유아에게 얼음낚시를 해 본 경험을 질문하고,
교실에서 얼음낚시를 진행할 계획이다.
이 활동을 위해 교실에는 얼음낚시를 하는 데 필요한 얼음,
물고기 모형을 펼쳐둔다.

각 반에서는 어떤 활동을 진행할까?
교사는 왜 다른 활동을 계획했을까?

짧은 메모

교사는 유아에게 교육을 실시한다. 이러한 교육은 유아와 함께 하는 모든 시간에 이루어진다. 교사는 정리정돈을 하는 시간, 식사를 하는 시간, 놀이를 하는 시간 등 모든 시간에 유아를 대상으로 교육을 실시한다. 유아교육기관에서의 하루 일과 중에는 교사의 주도와 유아의 적극적인 참여로 직접적이

고 구체적인 방법으로 교육을 할 수 있는 시간이 있다. 바로 대소집단 활동 시간이다. 대소집단 활동 시간은 교실의 모든 유아를 대상으로 교육을 실시하거나 몇 명씩 유아를 집단으로 나누어 활동을 진행하는 시간이다. 활동 시간인 만큼, 유아의 놀이 관찰을 기반으로 놀이를 확장해 주는 활동을 유아가 경험해야 하는 내용으로 교사가 계획하여 실시한다.

유아교육기관에서 대소집단 활동은 이야기 나누기뿐 아니라 동화, 동시, 동극, 신체표현, 게임 등 다양하다. 놀이 중심의 교육과정을 운영하는 유아교육기관에서도 여전히 대소집단 활동은 실시되고 있다. 따라서 놀이를 기반으로 계획한 대소집단 활동을 유아 중심으로 실시하려는 교사라면 유아를 위한 교재교구를 적절하게 활용할 필요가 있다. 교사가 교재교구를 적절하게 활용할 때, 유아는 대소집단 활동에 관심을 기울이고, 재미를 느끼며, 더 적극적으로 참여하고 집중한다.

8장에서는 대소집단 활동을 할 때 사용하는 여러 가지 교재교구를 살펴본다. 유아에게 좋은 경험을 제공하려는 교사의 노력과 전문성이 더욱 빛나는 교재교구를 찾아본다. 8장의 내용을 살펴보며, 유아에게 적합한 활동이 되도록 지원하는 여러 가지 교재교구를 그려보기 바란다.

1. 이야기 나누기에 활용하기

이야기 나누기를 할 때, 어떻게 교재교구를 구성해야 할까?

유아교육기관에서 가장 많이 실시하는 대소집단 활동은 이야기 나누기이다. 그렇다 보니, 이야기 나누기 활동에 참여할 때 유아는 매우 익숙한 모습을 보인다. 자신의 자리를 찾아 앉고, 바른 자세로 교사를 바라본다. 거의 매일 실시하는 이야기 나누기 활동에서 유아는 자신의 생각과 느낌을 표현한다. 다만, 이야기 나누기는 단순히 이야기하기를 의미하지 않으므로, 더 좋은 활동을 위한 교사의 준비가 필요하다. 이야기 나누기를 조금 더 살펴본다.

✿ 이야기 나누기의 의미

이야기 나누기는 주제에 관해 교사와 유아, 유아와 유아가 생각을 주고받는 과정이다. 이야기 나누기에서 다루는 주제는 다양하다. 교사는 유아의 일상생활과 관련한 주제로 이야기 나누기를 진행한다. 예를 들어, 날씨에 관해 이야기 나누기, 주말 지낸 이야기 나누기 등이 있다. 교사는 유아의 생활 습관과 관련한 주제로 이야기 나누기를 진행한다. 예를 들어 올바른 손 씻기, 교실 정리정돈 하기에 관한 이야기 나누기를 실시한다. 유아의 생활 규칙과 관련한 주제로도 이야기 나누기를 할 수 있다. 예를 들어, 교실에서 안전하게 놀이하는 방법 등을 이야기 나눈다. 교사는 유아의 놀이 주제와 연계된 이야기 나누기 주제를 정한다. 예를 들어, 물놀이를 즐기는 유아를 보며 교사는 수영이나 바다에 관한 경험을 이야기 나눈다.

유아교육기관에서 자주 실시하는 이야기 나누기이지만, 충분한 활동으로 진행하기 위해서는 그 주제에 따라 적절한 방법을 활용해야 한다. 이야기 나누기 활동을 진행하는 방법을 살펴본다. 먼저 교사는 이야기 나누기 주제에 관한 유아의 사전 지식을 점검한다. 주제에 관한 유아의 경험을 이야기 나누기나 퀴즈 맞히기로 진행한다. 그다음 여러 가지 자료를 활용하여 주제에 따른 이야기 나누기를 진행한다. 이야기 나누기는 유아의 집중 정도에 따라 활동의 성패를 달리하므로, 이때는 활동의 집중과 참여를 돕는 여러 가지 자료를 활용해야 한다. 교사는 유아가 새롭게 알게 된 점이나 알고 싶은 점을 이야기 나누며, 활동을 마무리한다.

유아교육기관에서 이야기 나누기를 하는 유아의 모습을 떠 올려본다. 이야기 나누기를 진행하는 동안 처음부터 끝까지 흥미를 보이며 적극적으로 참여하는 유아가 있는가 하면, 그 반대의 유아도 있다. 다양한 모습을 상상하며, 이야기 나누기를 위한 교재교구를 고민해 본다.

봄꽃을 주제로 이야기 나누기를 할 때, 손을 번쩍 들어 진달래는 소개하는 유아
분리수거 방법을 이야기 나누며, 직접 분리수거를 해 보는 유아
교실에서 지켜야 하는 약속에 관해 이야기 나누며 종이에 쓰는 유아
겨울을 건강하게 보내기 위한 실천 방법에 관해 이야기 나누는 유아

이야기 나누기는 유아의 언어 발달을 돕는다. 언어는 듣기와 말하기의 음성 언어와 읽기와 쓰기의 문자 언어로 구성된다. 이야기 나누기를 하며, 유아는 또래의 생각의 듣고, 자신의 생각을 말한다. 유아는 이야기 나누기 교재교구에 제시된 문자를 읽고, 자신의 생각을 글로 표현한다. 즉, 이야기 나누기는 유아에게 언어의 각 요소를 통합적으로 경험하도록 지원한다. 유아의 언어 발달이 자연스럽게 촉진된다.

이야기 나누기는 유아의 사고력 증진을 돕는다. 유아는 이야기 나누기 주제에 따라 상황과 문제에 맞게 생각을 펼친다. 만약 겨울철 건강을 지키는 방법을 주제로 이야기 나누기를 한다면 겨울철 날씨와 우리의 생활을 떠올려 보아야 한다. 특히, 유아는 겨울에 건강을 해치는 요소에 관해서도 생각을 해야 한다. 따라서 이야기 나누기는 단순히 소리를 내어 표현하는 과정이 아니며, 상황에 맞게 사고하고 표현하는 기회이다.

✿ 이야기 나누기 교재교구의 종류

• 모형 자료

모형 자료는 실물과 비슷한 모양이나 형태로 축소하여 만든 교재교구를 말한다. 모형 자료는 유아교육기관에서 구입해서 사용하거나 아이클레이 등으로 교사와 유아가 직접 만들어 사용한다. 실물 자료를 직접 구하기 어렵거나 구할 수 없을 때, 교사는 모형 자료를 사용한다. 예를 들어, 공룡에 관한 이야기 나누기를 할 때는 공룡 모형을 사용한다. 만약, 사물에 대한 지식이나 사건에 대한 지식을 습득하는 데 목적을 두고 이야기 나누기를 진행한다면, 실물 자료와 유사하게 제작한 모형 자료를 선택하여 자료에 관한 지식을 왜곡하지 않도록 주의한다. 유아는 직접 모형 자료를 탐색하며, 이야기 나누기를 한다. 모형 자료의 예이다.

- 곤충 모형
- 공룡 모형
- 과일 모형
- 교통기관 모형
- 동물 모형
- 채소 모형
- 해양 생물 모형

교사가 점토를 이용하여 모형 자료를 만드는 방법을 살펴본다.

① 모형을 만들 때 참고할 수 있는 그림을 찾거나 대략적으로 그려본다.
② 모형의 크기, 색, 형태를 정한다.
③ 대략적인 틀을 정한 다음에 몸통이 되는 중심 부분부터 점토로 만든다.
④ 모형의 몸통 위에 작은 부분들을 점토로 만든다.
⑤ 특징적인 부분이 잘 드러나도록 점토를 다듬는다.
⑥ 점토로 만든 모형을 잘 말린다.

• 사진 자료

사진 자료는 인화한 사진을 활용하거나 유아가 찍은 사진을 프로그램에 띄어 만든 교재교구이다. 유아교육기관에서 유아 경험이나 하루 일과를 사진 기록으로 남겨, 교사와 유아는 이야기 나누기를 진행한다. 구체적으로 유아가 놀이하는 사진이나 견학을 다녀온 사진을 활용하여 교사와 유아는 이야기 나누기를 한다. 제시된 사진 자료를 보며 유아는 자신의 얼굴을 찾은 다음, 그때의 경험을 떠올리며 이야기를 나누는 데 집중한다.

이야기 나누기에서 사용할 사진은 선명한 색이 담긴 사진으로 선택한다. 유아가 나오는 사진이라면, 소외되는 유아사진이 없도록 반의 모든 유아를 보여줄 수 있도록 한다. 무엇보다 이야기 나누기 주제에 적합한 사진을 선택한다.

사진 자료를 교재교구로 제작하는 방법을 살펴본다.

① 사진 찍는 목적, 대상, 상황을 정한다.

② 목적, 대상, 상황에 맞게 사진을 찍는다.

③ 인화하기 전, 사진 크기를 정한다.

④ 사진을 인화한다.

⑤ 사진을 이야기 나누기 순서에 맞게 정리한다.

• 그림 자료

그림 자료는 이야기 나누기 주제에 적합한 그림을 찾아 종이로 출력한 교재교구이다. 출력한 그림 자료는 코팅을 하거나 EVA를 붙여 사용한다. 이때 그림은 실물 이미지나 일러스트 이미지 모두 사용 가능하다. 교사는 이야기 나누기 주제를 고려하여 출력하려는 그림을 선택해야 한다. 예를 들어, 가을 열매에 관한 이야기 나누기를 진행한다면, 도토리나 대추 그림을 선택해야 한다. 또한 그림 자료는 이야기 나누기의 목적을 고려해야 한다. 만약, 가을 열매에 관한 지식을 습득하는 데 주요한 목적이 있다면, 도토리나 대추 그림은 일러스트를 대신하여 실물 이미지를 선택한다. 배경 그림 없이, 도토리 그림 만 제시된 자료일 때, 유아는 이야기 나누기에 더욱 집중할 수 있기 때문이다.

그림 자료를 만드는 순서를 살펴본다.
① 만들려는 그림을 선택한다.
② 편집 전 그림 크기, 제거 부분을 생각한다.
③ 선택한 그림을 편집한다.
④ 편집한 그림을 출력한다.
⑤ 그림에 종이를 덧붙여 코팅한 후 가위로 오린다.

✿ 바로 맞히는 문제 ✿

여름 물놀이할 때 필요한 물건을 이야기 나눌 때, 선택해야 하는 그림 자료를 ○ 해보세요.

수영복		물안경	
유아용 수영복만 있는 그림	유아가 수영복을 입고 수영하는 그림	유아용 물안경만 있는 그림	유아가 물안경을 쓰고 놀이하는 그림
구명조끼		**튜브**	
유아용 구명조끼만 있는 그림	유아가 구명조끼를 입고 수영을 하는 그림	유아용 튜브만 있는 그림	유아가 튜브로 물놀이를 하는 그림

• **파워포인트 자료**

파워포인트 자료는 파워포인트 프로그램을 이용하여 각 슬라이드마다 필요한 그림과 글을 넣어 만든 이야기 나누기 교재교구이다. 예를 들어, 가을 열매에 관해 이야기 나누기를 한다면 슬라이드 1에서는 이야기 나누기 주제를 쓰고, 슬라이드 2부터는 가을 열매 그림을 넣어 구성한다. 이야기 나누기 순서를 정할 때, 출력한 그림 자료는 유아가 그 순서를 정해 이야기 나누기에 참여할 수 있지만 파워포인트 자료는 제작한 슬라이드 순서대로 실시된다. 다만, 파워포인트에 있는 애니메이션이나 소리 기능을 적절하게 삽입한다면, 자칫 산만해질 수 있는 이야기 나누기 활동에서 유아의 주의집중을 이끌 수 있다. 슬라이드에 들어가는 그림 자료 순서는 유아에게 친숙한 그림에서 어렵거나 추상적인 그림으로 진행되도록 정한다.

파워포인트 자료를 만드는 순서는 다음과 같다.

① 파워포인트 자료의 제목과 내용 구성을 계획한다.

② 파워포인트의 디자인을 통해 전체 배경과 기본적인 글꼴을 정한다.

③ 각 슬라이드마다 그림 및 글자를 넣는다.

④ 각각의 그림과 글자의 크기, 형태를 편집한다.

⑤ 그림이나 글에 애니메이션 기능을 넣는다.

⑥ 완성한 파워포인트 자료를 검토한다.

파워포인트 기능 알아보기	
홈	새 슬라이드 삽입, 글꼴, 글 크기, 글 위치 등 변경, 도형 삽입
삽입	글, 그림, 도형, 표 등 삽입
디자인	파워포인트 전체 디자인 선정, 디자인 색 선정, 전체 기본적인 글꼴 선정
전환	슬라이드에서 다음 슬라이드로 넘어갈 때의 전환 효과 선정
애니메이션	슬라이드 내 글, 그림에 효과 삽입
슬라이드 쇼	슬라이드 보기, 레코드

✿ 바로 맞히는 문제 ✿

여름 물놀이할 때 필요한 물건을 이야기 나눌 때, 슬라이드를 구성하는 순서를 적어보세요.			
구명조끼	수영복	튜브	물안경
순서(　　)	순서(　　)	순서(　　)	순서(　　)

• 동영상 자료

동영상 자료는 영상으로 제작한 이야기 나누기 교재교구이다. 동영상 자료는 교사가 직접 카메라의 비디오 기능을 이용하거나 파워포인트로 만든 자료를 mp4로 저장하여 제작할 수 있다. 또는 다른 사람이 만든 동영상 자료를 선택하여 이야기 나누기를 할 수 있다. 동영상 자료를 이야기 나누기 자료로 활용할 때는 동영상의 그림이나 내용의 적절성을 사전에 검토해야 한다. 즉, 다루고자 하는 이야기 나누기 주제와 일치하는지를 살펴보아야 한다. 그림과 내용에는 편견적 요소를 포함하지 않아야 한다. 또한 녹음된 소리 상태도 살펴보아야 한다.

동영상 자료를 만드는 방법을 살펴본다.

① 파워포인트 제작방법으로 녹음 자료를 구성한다.

② 파워포인트 레코드 기능을 이용하여 녹음한다.

③ 파일-내보내기 기능을 이용하여 mp4로 변환한다.

④ 전체적으로 동영상을 살펴본다.

발명품 자료

다양한 가족 자료

✿ 이야기 나누기 교재교구 제작

▌봄에 피는 꽃

제작 방법

- **준비물**: 봄꽃 사진, 파워포인트

① 주변에서 볼 수 있는 봄에 피는 꽃 사진을 찍는다.

② 파워포인트를 열어, 봄에 피는 꽃으로 제목을 적는다.

③ 2번째 슬라이드부터 봄에 피는 꽃 사진을 첨부한다(유아가 알고 있는 꽃 사진부터 제시한다).

④ 봄에 피는 꽃 사진 옆에 꽃 이름을 적는다.

⑤ 사진과 이름을 편집한다(필요 시, 애니메이션 효과를 넣는다).

⑥ 마지막 슬라이드에는 물음표를 넣는다.

지도 방법

① 교사는 유아에게 봄에 피는 꽃을 질문한다.

② 교사와 유아는 봄에 피는 꽃을 본 경험을 이야기 나눈다.

③ 교사와 유아는 파워포인트 자료를 열어 봄에 피는 꽃의 이름, 특징 등을 이야기 나눈다.

④ 교사는 유아에게 제시되지 않은 봄에 피는 꽃을 질문한다.

⑤ 교사는 유아에게 이야기 나눈 봄에 피는 꽃을 각자 그림으로 표현해 보도록 연계활동을 안내한다.

2. 동화에 활용하기

동화 듣기를 할 때, 어떻게 교재교구를 구성해야 할까?

유아들은 대집단으로 모여 앉아, 교사가 들려주는 동화를 듣는다. 매트 위에 앉아 동화를 듣는 유아가 있고, 의자에 앉아 동화를 듣는 유아도 있다. 놀이 주제에 맞춘 제목을 듣고, 유아는 동화에 관심을 가지고 귀를 기울인다. 유아는 교사가 들려주는 동화의 내용을 놓치지 않으려고, 소리 하나하나에 집중한다. 교사가 책장을 넘길 때마다 달라지는 그림도 집중해서 쳐다본다.

삶의 그 어느 시기보다 책 읽기를 즐기는 유아기의 동화 듣기에 관해 조금 더 살펴본다.

✿ 동화의 의미

동화는 어린 시절 유아의 순수한 마음과 상상력을 담은 이야기이다. 유아는 성장하며 다양한 주제의 동화를 접한다. 기본생활습관을 주제로 한 동화로 「치카치카 군단과 충치 왕국」, 「콧구멍을 후비면」이 있고, 나와 가족을 주제로 한 동화로 「내 마음 ㅅㅅㅎ」, 「돼지책」, 「엄마가 화났다」가 있다. 동물을 주제로 한 동화로 「100층짜리 집」, 「치과의사 드소토 선생님」이 있는가 하면, 식물을 주제로 한 동화로 「너는 어떤 씨앗이니?」가 있다. 우리나라를 주제로 한 동화로 「솔이의 추석 이야기」, 「연이네 서울 나들이」가 있다.

교사는 이러한 동화를 대소집단 활동을 할 때 유아에게 들려준다. 유아교육기관에서 동화 듣기는 적어도 1주일에 1회 이상 실시된다. 이때 교사가 유아에게 들려주는 동화는 놀이 주제에 맞추어 정해진다. 만약 가족을 주제로 한 놀이가 진행되고 있다면, 교사는 유아에게 「우리 엄마」라는 동화를 들려준다. 교사가 상황에 따라 유아에게 동화를 들려주는 경우도 있다. 예를 들어, 이 닦기를 싫어하는 유아가 있을 때, 교사는 유아에게 양치를 해야 할 필요성을 이야기 나누기보다 「이 닦기 대장이야」라는 동화를 들려준다.

동화 듣기 활동을 할 때 교사는 동화에 관한 퀴즈나 이야기 나누기를 통해 유아가 동화를 듣는데 흥미를 느끼도록 지도한다. 그다음 교사는 바로 동화의 내용을 읽기보다 동화의 제목을 통해 유아에게 이야기를 상상해보도록 지원한다. 그림책이나 TV 동화처럼 표지가 있다면, 그 표지를 보고 이야기나 등장인물을 생각해 본다. 앞치마 동화에서는 유아에게 주인공을 보여주며 이야기를 상상해 보도록 한다. 그다음 교사는 동화를 듣는 바른 자세를 유아와 이야기 나누고, 동화 듣기를 시작한다. 동화를 다 들은 다음에는 동화 내용을 회상하며 살펴본다.

유아교육기관에서 동화를 듣고 있는 유아의 모습은 어떨까? 교사가 들려주는 동화를 즐기는 유아의 모습을 생각해 본다.

기분을 말해봐 그림책 표지를 보며, 동화 내용을 상상해보는 유아
슈퍼 거북 그림책을 읽으며, 이야기를 상상해보는 유아
무지개 물고기 앞치마 동화를 들으며, 교사의 움직임을 따라가는 유아
동영상으로 제작된 동화를 집중해서 듣는 유아

동화 듣기는 유아에게 책 읽는 습관을 형성하도록 돕는다. 동화 듣기를 통한 경험은 유아에게 성장하며 여러 가지 책을 즐기도록 지원한다. 다양한 책을 접하며, 유아는 그림책 읽기에 관심을 기울이고, 스스로 그림책 읽기를 시도하며, 자연스럽게 책 읽기 습관을 형성한다.

동화 듣기를 통해, 유아는 다양한 세상에 관한 지식을 넓혀 간다. 동화의 주제는 매우 다양하다. 유아는 일상 속 생활부터 유아가 가보지 못한 우리나라 곳곳, 세계 여러 나라, 우주도 동화를 통해 만난다. 따라서 유아는 경험하지 못한 세상에 대해서 동화를 통해 알게 된다.

✿ 동화 교재교구의 종류

• 그림책

그림책은 이야기 글과 글을 잘 표현해주는 그림으로 구성되어 있는 책이다. 그림책은 동화 듣기 활동을 할 때 가장 많이 활용되는 교재교구이다. 교사는 그림책을 구입하여 유아에게 들려준다. 대소집단 활동 후 사용한 그림책은 언어영역에 두어 유아 스스로 그림책을 읽어보도록 안내한다. 동화 듣기 활동을 위해 그림책을 구입할 때는 다음을 고려한다.

- 그림책은 유아의 발달에 적합한가?
- 그림책은 유아의 흥미를 끌 수 있는가?
- 그림책은 유아의 놀이 주제를 반영하는가?
- 그림책의 글과 그림의 구성은 조화로운가?
- 그림책의 그림 구성은 적절한가?
- 그림책에 편견적 요소가 없는가?

만약, 교사가 그림책을 제작한다면 다음의 순서를 고려한다.

① 그림책의 제목과 내용을 정한다.

② 표지에 제목을 쓰고 그림을 그린다.

③ 각 장마다 그림을 그리고 색칠한다.

④ 각 그림마다 적절한 위치에 펀치를 뚫는다.

⑤ 그림의 순서에 따라 고리로 연결하여 그림책을 완성한다.

• 손가락 인형

손가락 인형은 각 손가락마다 주인공 인형을 끼워 동화 듣기를 할 때 사용하는 교재교구이다. 아기 돼지 삼 형제 이야기 이외에 금도끼 은도끼, 선녀와 나무꾼과 같은 전래 동화는 손가락 인형으로 동화 듣기를 할 수 있다. 교사는 손가락 인형으로 동화를 유아에게 들려줄 때, 손가락의 움직임을 고려하여 손가락 인형의 크기를 정해야 한다. 또한 교사는 이야기의 흐름을 방해하지 않도록 손가락 인형을 끼우는 위치를 생각해 보아야 한다.

손가락 인형을 만드는 순서를 살펴본다.

① 만들려는 손가락 인형의 도안을 그린다.

② 손가락 인형의 도안을 오린다.

③ 오린 도안의 작은 부분들을 글루건으로 붙인다.

④ 앞뒤 손가락 끼우는 부분을 글루건으로 붙인다.

⑤ 만든 손가락 인형을 손가락에 끼워본다.

• 융판 동화

융판 동화는 융판을 동화 배경으로 하여 그 위에 등장인물을 순서대로 붙여가며, 동화를 들려줄 때 사용하는 교재교구이다. 융판은 교실에 있는 융판칠판을 사용하거나 삼각 융판을 만들어 활용한다. 융판 동화로 동화 듣기를 할 때는 융판의 크기를 고려하여 등장인물의 수가 적절한지를 살펴보아야 한다. 또한 융판 동화는 배경의 변화를 주지 않으며, 사건이 있는 동화로 선정한다. 교사가 동화를 들려줄 때는 등장인물을 붙이는 위치를 사전에 고려해야 한다. 또한 등장인물을 떼고 붙일 때는 유아가 산만해질 수 있으므로 주의한다.

융판 동화를 만드는 방법은 다음과 같다.

① 하드보드지에 융판을 붙인다.

② 융판에 붙일 등장인물을 그린다.

③ 등장인물 그림을 가위로 오린 후 코팅한다.

④ 코팅한 등장인물 그림 뒷면에 찍찍이를 붙인다.

• 앞치마 동화

앞치마 동화는 앞치마에 등장인물을 붙이도록 만든 동화듣기 교재교구이다. 교사는 동화의 배경으로 쓰이는 앞치마를 입고 동화 듣기 활동을 진행한다. 앞치마에는 동화의 순서에 따라 등장인물을 붙여가며 동화를 전달한다. 앞치마 동화는 동화의 내용과 등장인물에 따라 교사가 서서 들려주기도 한다. 앞치마 동화를 제작할 때는 앞치마의 크기와 특성을 고려하여 동화를 선정한다. 등장인물에 앞치마에 잘 붙는지도 확인해야 한다.

앞치마 동화를 만드는 방법은 다음과 같다.

① 펠트지로 앞치마를 만든다.

② 만든 앞치마 뒤에 펠트지로 배경을 잘라 붙인다.

③ 앞치마 동화에 사용할 등장인물을 펠트지로 만든다.

④ 등장인물 펠트지 뒤에 찍찍이를 붙인다.

✿ 바로 맞히는 문제 ✿

동화에 맞는 동화 듣기 교재교구를 찾아보세요.

그건 내 조끼야 동화책	우리 엄마 동화책	무지개 물고기 동화책
① 그림책 ② 손가락 인형 ③ 융판 동화 ④ 앞치마 동화	① 그림책 ② 손가락 인형 ③ 융판 동화 ④ 앞치마 동화	① 그림책 ② 손가락 인형 ③ 융판 동화 ④ 앞치마 동화

• TV 동화

TV 동화는 TV 화면에 동화의 장면을 돌려가며 이야기를 들을 때 사용하는 교재교구이다. TV 동화를 듣기 위해서는 상자나 하드보드지를 이용해서 TV 틀을 만든다. TV 화면을 뚫어, 동화가 보이도록 한다. 동화의 각 장면이 보이기 위해서는 TV 동화 양쪽에 돌리기 막대를 이용한다. 따라서 교사는 돌리기 막대가 잘 돌아가며 각 동화 장면이 반듯하게 잘 보이는지를 살펴보아야 한다.

TV 동화를 만드는 방법은 다음과 같다.

① 상자로 TV 틀을 만든다.

② TV 틀에 돌리기 막대를 끼운다.

③ TV 동화 내용을 종이로 연결하여 만든다.

④ 종이로 만든 동화를 돌리기 막대에 연결한다.

• 테이블 동화

테이블 동화는 테이블 위에 배경판과 등장인물을 올려 동화를 들려줄 때 쓰는 교재교구이다. 테이블 동화를 들려줄 때 교사는 배경 판 뒤에 서서 등장인물을 이동하며 이야기를 들려주게 되므로, 배경 판을 적절하게 구성해야 한다. 그렇지 않으면 등장인물의 이동이 어려워진다.

또한 교사는 유아의 눈높이와 테이블의 높이를 고려하여 테이블 동화를 제작해야 한다. 테이블이 지나치게 높거나 낮으면, 테이블 동화를 듣는데 어려움이 생기기 때문이다. 테이블은 배경판과 등장인물을 올렸을 때 흔들림이 없어야 한다. 테이블 동화에 사용할 배경 판은 잘 쓰러지지 않으며, 등장인물의 높이를 고려하여 제작해야 한다. 등장인물도 동화의 흐름에 따라 등장하고, 세워지도록 그림 뒤에 요구르트병, 종이컵, 화장지 심을 활용하여 제작한다.

테이블 동화를 만드는 방법은 다음과 같다.

① 하드보드지나 우드락 보드로 테이블 동화의 배경판을 만든다.

② 배경판은 색지나 펠트지로 꾸민다.

③ 꾸민 배경판을 글루건이나 테이프로 연결하여 세운다.
④ 동화의 등장인물을 색지로 만들어 코팅한다.
⑤ 코팅 후 오린 등장인물은 휴지심에 붙인다.
⑥ 배경판 앞에 등장인물을 배치한다.

• **그림자 동화**

그림자 동화는 빛을 동화 배경과 등장인물에 비추어 동화를 들을 때 사용하는 교재교구이다. 이때 등장인물은 종이를 오린 다음 막대기를 붙여 완성한다. 이야기를 들려줄 때는 불을 끈다.

그림자 동화를 만드는 방법은 다음과 같다.
① 그림자 동화의 배경이 될 상자를 꾸민다.
② 상자의 가운데를 오려 흰색 종이를 붙인다.
③ 동화의 등장인물을 검은색 도화지로 그린 후 오린다.
④ 오린 등장인물의 뒷면 가운데에 아이스크림 막대 또는 빨대를 테이프로 붙인다.
⑤ 배경에 등장인물을 제시하고, 뒤에서 빛을 비춘다.

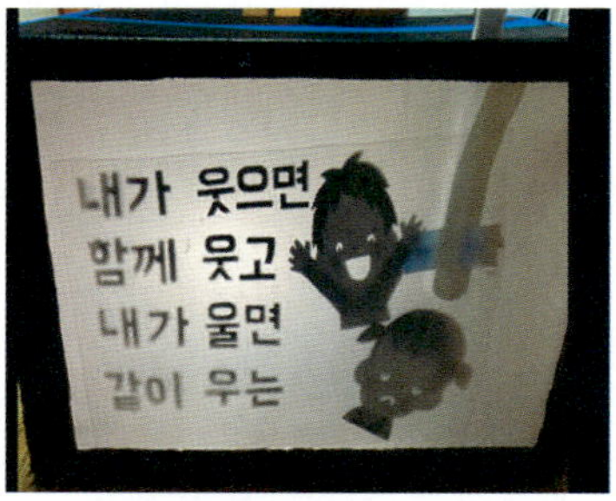

그림자 동화

✿ 동화 교재교구 제작

▌무지개 물고기 이야기

제작 방법

• **준비물**: 하드보드지, 칼, 융, 가위, 종이, 그리기 도구, 색지, 코팅지, 코팅기, 까끌이

① 하드보드지를 삼각대로 만들도록, 삼등분한 후 칼집을 낸다.
② 하드보드지에 가위로 융을 잘라 붙여 동화 배경판을 완성한다.
③ 종이에 그리기 도구를 활용하여 무지개 물고기에 나오는 그림을 그린다.
④ 그림을 가위로 오린 후, 색지에 붙이고 다시 가위로 오린다.
⑤ 코팅지에 끼운 그림은 코팅기에 넣는다.
⑥ 코팅한 그림은 오린 후 그림의 뒷부분 가운데에 까끌이를 붙인다.

지도 방법

① 교사는 유아에게 융판을 보여주며, 이야기 내용을 생각 나눈다.
② 교사는 유아에게 이야기의 제목(무지개 물고기)을 말해준다.
③ 교사는 유아에게 이야기를 듣기 전, 바른 자세를 물어본다.
④ 교사는 유아에게 무지개 물고기 이야기를 들려준다.
⑤ 교사는 유아에게 무지개 물고기를 들은 느낌을 물어본다.
⑥ 유아가 무지개 물고기 그림카드를 붙이며, 친구가 없는 무지개 물고기의 기분을 표현해 본다.
⑦ 교사와 유아는 무지개 물고기 이야기 자료를 두고 싶은 영역을 이야기 나눈다.

3. 동시에 활용하기

동시 듣기를 할 때, 어떻게 교재교구를 구성해야 할까?

교사는 유아에게 동시를 들려준다. 동화보다 짧은 글로 구성된 동시는 유아에게 언어의 즐거움을 느끼게 한다. 동시를 들으며, 유아는 어깨를 으쓱인다. 노래처럼 음을 넣어 동시를 읽는 유아는 그 장면을 상상해본다. 평소 동시를 자주 접했던 유아는 동시 발표회에서 좋아하는 동시를 찬찬히 낭독한다. 낭독을 마친 유아의 얼굴에 자신감이 넘친다. 동시 듣기를 자세히 살펴본다.

✿ 동시의 의미

동시는 동화처럼 유아의 동심을 담고 있으며, 이를 아름다운 언어로 표현한 시를 말한다. 동시는 유아를 위해 쓰인 시이다. 동시는 유아의 관점을 있는 그대로 반영하기 때문에 동시의 제목이나 단어 하나하나에서 축약된 의미나 숨은 의미를 찾지 않아도 된다. 유아는 동시를 있는 그대로 듣고, 말하고, 읽고, 쓴다. 또한 유아기는 동시에 관심을 가지며 동시 듣기를 즐기는 시기이다. 그래서 동시는 유아의 언어를 사용하며, 반복적인 의성어와 의태어를 담고 있어 유아에게 동시 듣기의 즐거움을 제공한다. 동시는 성인이 쓴 동시와 유아가 쓴 동시로 나뉜다.

대소집단 활동으로 동시 듣기를 할 때, 교사는 먼저 동시와 관련한 이야기 나누기를 통해 유아가 동시 듣기에 관심을 기울이도록 한다. 그다음에는 유아에게 동시의 제목을 읽어주고 제목을 바탕으로 동시의 내용이나 장면을 상상해보도록 안내한다. 본격적으로 동시를 듣기에 앞서 교사와 유아는 동시를 들을 때의 바른 자세를 이야기 나눈다. 그다음에 교사는 유아에게 동시를 전체적으로 읽어준다. 유아는 동시를 들은 다음 그 느낌과 소감을 이야기하거나 동시에서 재미있는 부분, 기억 남는 부분을 발표한다. 교사는 유아와 함께 동시를 다시 읽어보고, 동시의 제목이나 내용 부분을 재구성하는 활동도 해 본다. 교사는 이때 접한 동시를 이후 언어영역에서 경험하도록 유아에게 안내한다.

동시 듣기 활동에 참여하는 유아의 모습은 즐겁고 진지하다. 동시 듣기 활동에서의 유아 모습을 살펴본다.

교사가 들려주는 친구 동시를 눈을 감고 감상하는 유아
동시 들은 느낌을 발표하는 유아
교사와 함께 동시 제목을 바꿔서 지어 보는 유아
자신이 지은 동시를 친구들에게 들려주는 유아

동시 듣기는 유아에게 단어를 습득하도록 돕는다. 유아는 동시를 듣고, 동시를 따라 읽어보며 새로운 단어를 알아간다. 분절된 형태로 단어를 이해하기보다는 동시 흐름에서 새로운 단어를 습득한다. 조금 더 쉽게 단어를 알아간다. 또한 동시는 유아에게 언어의 즐거움과 아름다움을 느끼게 한다. 유아는 동시에 나오는 의성어와 의태어를 읽으며, 언어에 더욱 관심을 기울인다.

✿ 동시 교재교구의 종류

• 동시판

동시판은 판에 동시 내용을 적은 교재교구이다. 동시판을 만들 때는 보통 하드보드지를 활용한다. 동시판을 만들 때의 동시 내용은 유아의 놀이 주제를 고려하여 선정한다.

동시판을 만드는 방법을 살펴본다.

① 놀이 주제에 적합한 동시를 정한다.
② 한글 프로그램에 동시를 적고, 동시의 글꼴, 글자 크기를 편집한다.
③ 적은 동시의 단어 중에 부분적으로 그림을 삽입한다.
④ 한글 프로그램에서 완성한 동시를 출력한다.

⑤ 동시의 부분을 자르고 코팅한다.
⑥ 하드보드지에 동시판을 꾸민다.
⑦ 코팅한 동시를 동시판에 붙인다.
⑧ 만약, 그림을 삽입하지 않았다면, 따로 만들어 붙인다.

• **파워포인트**

파워포인트 동시 자료는 파워포인트 프로그램을 이용하여 동시 교재교구를 구성하는 방법이다. 파워포인트 자료는 그림이나 사진을 편집할 때나 순서도를 만들 때 사용하는데, 동시 자료 또한 파워포인트로 쉽게 구성할 수 있다.

파워포인트로 동시 자료를 만드는 방법을 살펴본다.
① 놀이 주제에 적합한 동시를 정한다.
② 파워포인트 프로그램을 열고, 디자인을 정한다.
③ 동시 제목, 만든 이, 내용을 적는다.
④ 각 각의 위치를 정한다.
⑤ 각 각을 편집한다.
⑥ 동시에 적합한 그림을 삽입한다.
⑦ 동시를 완성한 후 읽어본다.

✿ 바로 맞히는 문제 ✿

동시에서 그림과 글의 조화가 가장 좋은 교재교구를 찾아 ○ 해보세요.		
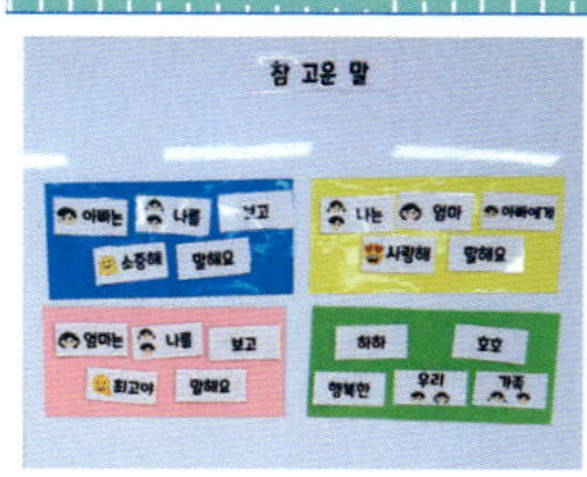	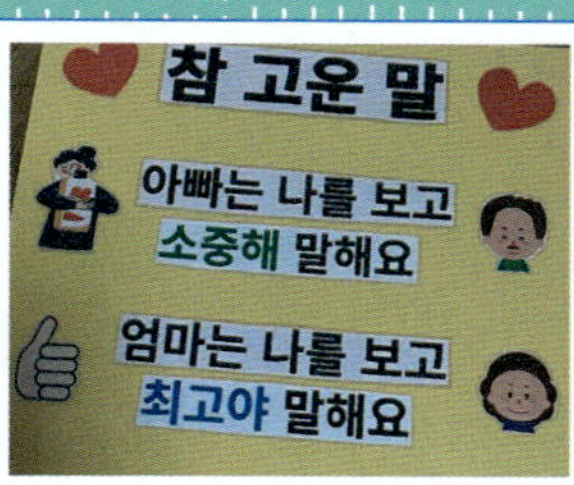	
①	②	③

✿ 동시 교재교구 제작

▌우리 가족 동시판

제작 방법

• **준비물**: A4지, 가위, 코팅지, 코팅기, 펀치, 고리

① 워드로 작성한 우리 가족 동시를 A4용지에 출력한다.
② 출력한 우리 가족 동시는 행에 따라 가위를 사용하여 네모 모양으로 자른다.
③ 자른 동시는 코팅지에 끼워 코팅기에 넣는다.
④ 코팅한 동시는 가위로 다시 오린다.
⑤ 오린 각 동시판의 윗부분은 펀치로 구멍을 낸다.
⑥ 동시의 순서에 맞게 구멍에 고리를 끼워 연결한다.

지도 방법

① 교사와 유아는 우리 가족에 관해 이야기 나눈다.
② 교사는 유아에게 우리 가족 동시판을 보여준다.
③ 교사와 유아는 동시 제목을 함께 읽고, 동시의 내용을 상상한다.
④ 교사는 유아에게 동시를 듣는 바른 자세를 안내한다.
⑤ 교사는 유아에게 동시를 들려준다.
⑥ 유아는 동시를 들은 느낌을 이야기 나눈다.
⑦ 교사와 유아는 동시를 함께 읽거나 번갈아 가며 읽는다.
⑧ 교사는 유아에게 동시판을 활용하여 하고 싶은 놀이를 이야기 나눈다.

4. 동극에 활용하기

동극을 할 때, 어떻게 교재교구를 구성해야 할까?

교실은 무대와 관람석으로 꾸며진다. 무대에는 동극의 주인공들인 유아들이 나와 있다. 관람석에 앉아 있는 유아는 무대에 있는 유아들을 쳐다본다. 이제 곧 교실에서 동극이 시작될 예정이다. 동극 시작을 알리자, 모든 유아는 동극을 즐긴다. 이러한 동극은 유아가 좋아하는 대소집단 활동 중 하나이다. 동극 활동에 관해 조금 더 자세히 살펴본다.

✿ 동극의 의미

동극은 이야기를 바탕으로 유아들이 그 이야기의 등장인물이 되어 극으로 진행하는 활동을 말한다. 동극에서 사용하는 이야기는 주로 동화를 바탕으로 한다. 물론 동극을 위해 동화의 내용은 각색되며, 짧은 대사로 수정된다. 각색을 원만하게 진행하기 위해서는 동극에 적합한 동화를 선택해야 한다. 이러한 동화의 조건은 유아에게 친숙하거나 익숙한 주제, 단순한 이야기, 반복되는 부분이 있는 이야기, 클라이맥스가 있는 이야기이다. 등장인물이 된 유아는 무대에서 자신의 역할에 맞게 주인공처럼 행동하고 말한다. 물론 이 과정에서 교사는 해설자로 참여할 수 있다.

대소집단 활동으로 동극을 할 때는 동화 듣기, 동화 각색, 동극하기의 단계로 진행한다. 이 과정을 모두 한 번에 진행하는 경우가 있고, 이 과정을 나누어 실시하는 경우도 있다. 먼저, 모든 과정이 한 번에 순차적으로 진행되는 동극이다. 이는 동화의 내용이 짧고, 동화 내용 그 자체를 대본으로 활용할 수 있을 때 실시해볼 수 있는 방법이다. 순차적으로 활동의 순서에 따라 도입에서 동화를 듣고, 동화의 대사를 회상해 본다. 전개에서는 동극 자료를 준비하고, 역할을 정해 동극을 실행한다. 그리고 마무리를 하며 동극에 관해 평가한다. 이와 같은 방법으로 한 번에 동극을 진행하기 위해서는 사전에 동극에 필요한 자료를 준비해 두어야 한다. 또 다른 방법으로는 과정을 나누어 동극을 진행하는 경우이다. 예를 들어, 오전 대소집단 활동을 할 때, 동극에 쓰일 동화를 듣고, 오후 대소집단 활동을 할 때 동화 내용을 각색하여 동극을 해 본다. 교사는 동화를 들은 다음 동극을 진행하기까지 유아들과 함께 동극에 필요한 자료를 직접 제작해 볼 수 있다.

유아교육기관에서 동극은 이야기 나누기, 새 노래 지도하기에 비해 자주 실시되기 어렵다. 동극마다 필요한 자료가 다르고, 이를 준비하는 데 충분한 시간이 걸리기 때문이다. 유아는 동극을 자주 해보지 못하지만, 동극을 할 때만큼은 즐겁게 참여한다.

무지개 물고기가 되어, 함께 놀 친구를 그리워하는 유아
영차, 영차, 커다란 순무를 뽑는 유아
늑대가 되어 아기 돼지 삼 형제 집을 후 하고 날리는 유아
동극을 마친 후 친구들에게 인사하는 유아
동극을 보며, 함께 노래를 불러주는 유아

유아는 동극을 하며, 역할에 맞게 말하고 행동하며 의사소통하는 모습을 보인다. 또한 동극에서 주어진 역할을 수행하며 자신감도 가진다. 혼자가 아니라 친구들과 함께 동극을 진행하며 자연스럽게 협력하는 시간을 보낸다. 동극을 통해 사회성이 발달한다.

✿ 동극 교재교구의 종류

동극을 위한 교재교구는 동극의 주제나 이야기에 따라 다르다. 예를 들어, 나무가 필요할 수 있고, 물고기가 필요할 수 있다. 따라서 여기서는 동극의 이야기와 별개로 주로 이용되는 교재교구를 살펴본다.

• 머리띠

머리띠는 유아가 머리에 쓸 수 있도록 제작한 교재교구이다. 머리띠에는 동극에서 유아의 역할을 알려주는 글자와 그림이 적혀있다. 머리띠를 제작할 때는 종이에 그림을 그려 사용하거나 펠트지를 이용한다. 유아의 머리둘레가 다 다르기 때문에, 머리띠를 제작할 때는 고무줄을 이용하거나 까슬이와 보슬이를 사용해야 한다.

머리띠를 제작하는 간단한 방법을 살펴본다.

① 동극에 사용할 주인공 그림을 그린 후 가위로 오린다.

② 오린 그림은 코팅을 하고, 그림의 뒤에는 까슬이를 붙여준다.

③ 머리띠는 종이를 적정한 두께와 길이로 오린다.

④ 오린 머리띠는 코팅을 하거나 시트지로 붙인다.

⑤ 코팅한 머리띠의 끝부분은 펀치로 뚫은 후 고무줄로 끝과 끝을 연결한다.

⑥ 코팅한 머리띠의 가운데 부분에 보슬이를 글루건으로 붙인다.

⑦ 머리띠의 가운데 보슬이 부분에 주인공 그림을 붙인다.

코팅한 머리띠	펠트지로 만든 머리띠

• 조끼

조끼는 유아가 직접 입고 동극을 할 수 있는 교수자료이다. 동극에서 사용하는 조끼는 두 가지이다. 먼저 기본 형태의 조끼로 이 조끼에는 주인공 이름, 배경, 소품 등을 붙여가며 사용 가능하다. 동극 역할에 맞게 제작된 조끼도 있다. 예를 들어, 동극을 할 때 사자 역할을 해야 한다면, 사자의 특성을 살려 조끼를 만든다. 조끼는 유아 스스로 입기 편해야 하며, 동극을 하는 유아의 움직임을 방해하지 않는 크기이어야 한다.

조끼를 제작하는 방법을 살펴본다.

① 펠트지에 유아의 신체 크기를 고려하여 조끼를 그린다.
② 그린 조끼는 가위로 오린다.
③ 펠트지를 오려 조끼를 꾸민다.
④ 필요하다면, 조끼 안쪽에 끈을 달아 크기를 조절하도록 한다.

• 가면

가면은 동극을 할 때 유아가 직접 얼굴에 쓰고 사용하는 교재교구이다. 가면은 동극의 내용에 맞는 등장인물을 나타낸다. 교사가 동극에 나오는 등장인물의 이미지를 찾아서 자료를 구성하거나 유아가 동화를 듣고 등장인물을 직접 그려 가면을 만든다. 얼굴 전체를 가리는 가면을 쓴 유아는 답답함을 느낄 수 있으므로 이를 고려하여 가면을 제작한다.

가면을 제작하는 방법을 살펴본다.

① 유아의 얼굴 크기를 고려하여 흰 종이를 유아에게 제공한다.
② 그 종이 위에 유아가 주인공 그림을 그린다.
③ 그림을 오린 후, 귀의 위치를 고려하여 펀치로 구멍을 양쪽으로 하나씩 낸다.
④ 양쪽 구멍에 고무줄을 끼워 완성한다.

• 이름표

동극을 할 때는 역할을 알려주는 이름표를 사용하기도 한다. 이 이름표는 여러 가지 방법으로 제작 가능하다. 먼저, 시트지에 등장인물의 이름을 적은 후 오리는 방법이다. 가장 쉽게 만들 수 있는 이름표이지만 쉽게 떨어진다는 단점도 있다. 또 다른 방법으로 유아가 등장인물의 이름을 적고 그림을 그린 후 오리고 코팅하여 사용하는 방법이다. 이때는 안전핀을 사용하여 마무리한다. 마지막 방법으로 목걸이 이름표를 사용하는 방법이다. 목걸이 이름표 속지의 크기에 맞게 이름과 그림을 그려 사용하거나 직접 목걸이 이름표를 만들어 본다.

이 중에서 목걸이 이름표를 제작하는 방법을 살펴본다.

① EVA를 동그라미나 네모 크기로 오린다.

② 유아가 그 EVA 위에 등장인물의 이름을 쓴다.

③ 이름 주변에 그림을 그려 꾸민다.

④ EVA의 위쪽 가운데에 구멍을 내고, 끈을 연결한다.

✿ 바로 맞히는 문제 ✿

동극을 할 때, 유아에게 가장 적합한 교수자료는 무엇일까요? 찾아서 ○ 해보세요.			
머리띠	조끼	가면	이름표

✿ 동극 교재교구 제작

▌그건 내 조끼야 동물 머리띠

제작 방법

• **준비물**: (접착)펠트지, 가위, 글루건, EVA, 찍찍이, 보들이

① 그건 내 조끼야에 나오는 동물 그림을 펠트지에 그린 후 가위로 오린다.

② 오린 동물의 각 부분을 글루건으로 붙여 동물을 완성한다.

③ 접착 펠트지로 EVA를 감싼다.

④ EVA에 끝부분에 찍찍이와 보들이를 각각 붙인다.

⑤ EVA 가운데에 펠트지로 만든 동물을 붙인다.

지도 방법

① 교사는 유아에게 그건 내 조끼야 그림책을 들려준다.
② 교사와 유아는 그림책의 내용을 말해 본다.
③ 교사는 유아에게 그림책을 바탕으로 동극 활동을 제안한다.
④ 교사와 유아는 동극에 필요한 자료를 살펴본다.
⑤ 교사와 유아는 동극을 위해 역할을 정하고 머리띠를 나눠준다.
⑥ 교사와 유아는 등장 및 퇴장하는 위치, 관람하는 유아의 역할 등을 이야기 나눈다.
⑦ 유아는 자신의 역할에 맞게 동극을 해 본다.
⑧ 교사는 유아에게 동극을 해 본 느낌을 물어본다.
⑨ 교사와 유아는 동극 자료를 정리한다.

5. 노래에 활용하기

노래를 지도할 때, 어떻게 교재교구를 구성해야 할까?

유아는 교사가 들려주는 노랫소리에 맞춰 대집단 대형으로 앉는다. 매트 위에 반원으로 앉아, 교사를 바라보며 노래가 끝나기를 기다린다. 오늘 배울 새로운 노래가 교실에 울린다. 유아의 흥미에 따라 놀이 주제가 달라지면 교사는 새로운 노래를 유아에게 가르친다. 노래 부르기를 위해서는 어떤 교재교구를 준비해야 할까? 조금 더 자세히 살펴본다.

✿ 노래의 의미

유아를 위한 노래는 주로 동요를 말한다. 동요는 유아의 동심을 담아 순수하고 밝으며 풍부한 상상력을 가사로 표현하고 있다. 또한 동요는 유아가 쉽게 따라 부를 수 있는 멜로디와 반복성을 가지고 있다. 교사는 이러한 동요를 유아에게 가르친다. 대소집단 활동을 통해서 의도적으로 동요를 지도한다. 유아는 교사의 지도에 따라 매주마다 새로운 동요를 한 곡씩 배운다.

대소집단 활동으로 노래를 배우는 방법은 여러 가지이다. 가장 기본적인 방법을 생각해 본다. 먼저, 교사는 노래나 노래 가사에 관한 유아의 경험을 이야기 나눈다. 그다음에는 교사가 노래를 부르며 동요를 유아에게 들려준다. 동요를 들은 유아는 그 느낌을 이야기한다. 동요 가사판을 보며, 가사말을 조금 더 자세히 살펴본다. 그다음에는 유아와 교사가 전체를 함께 불러보거나 교사가 부르면 유아가 따라 불러보며 동요를 익힌다. 그렇게 여러 번 동요를 불러본다.

노래를 온전히 익힌 다음에는 확장활동을 해본다. 노랫말 바꾸기, 즉 개사하기 활동을 해 본다. 노래에 맞춰 악기 연주하기를 해볼 수도 있다. 노래를 감상한 후 그 느낌을 신체로 표현해보는 활동도 가능하다. 다양한 방향으로 활동을 확장하기 위해서는 유아들에게 노래를 충분히 듣고 부르며 익숙해지는 경험을 제공해야 한다.

교사와 함께 노래를 부르는 유아의 모습은 어떨까? 함께 생각해 본다.

네 잎 클로버 동요를 소리 높여 부르는 유아
동물 농장 동요를 부르며 동물 소리를 흉내 내는 유아
시장잔치 노래를 부르며 맛있겠다고 말하는 유아
사랑해요 이 부분만 따라 부르며 참 좋은 말 동요를 듣는 유아

유아는 노래를 부르며 가사에 적혀 있는 우리말을 배운다. 아름다운 언어를 동요로 접하게 되는 순간이다. 유아는 동요를 함께 부르거나 번갈아 불러보며 즐겁게 노래 부르기를 경험한다. 또한 유아는 동요를 듣고 자신의 생각과 느낌을 표현하는 기회를 가진다. 그 과정에서 생각의 다름과 다양성을 자연스럽게 경험한다.

✿ 노래 교재교구의 종류

• 가사판

가사판은 동요의 제목, 작사·작곡가, 가사를 적은 판으로 악보와 다르다. 가사판은 유아교육기관에서 새 노래 지도를 위해 오랜 시간 활용되어온 방법이다. 가사판을 만들 때는 하드보드지나 우드락 위에 가사를 붙인다. 이때 가사는 마디마다 오리거나 글자마다 오려서 제작한다. 현재에는 노래를 듣거나 배울 수 있는 다양한 매체가 있다는 점에서 가사판을 대신할 수 있는 방법을 찾아보아야 한다.

가사판을 만드는 대략적인 방법을 살펴본다.

① 한글 프로그램을 이용하여 동요 제목, 작곡·작사가, 가사를 적는다.
② 적은 자료는 출력하여 오린 후 색지에 붙인다.
③ 색지를 오려 준비한다.
④ 가사판을 동요 느낌에 맞게 배경을 꾸민다.
⑤ 가사판 위에 오려둔 가사를 일정한 간격으로 붙인다.
⑥ 가사에 맞게 그림을 그리거나 오려 붙인다.

• 동영상

동영상은 가사에 맞게 그림을 그려 장면 장면을 구성하여 영상으로 제작하는 방법이다. 동영상 제작 프로그램을 활용하거나 파워포인트 프로그램을 활용하여 동영상을 제작할 수 있다.

파워포인트로 동영상을 만드는 방법을 살펴본다.

① 유아에게 가사를 들려준다.
② 가사에 맞게 떠오르는 그림을 유아가 그린다.
③ 유아가 그린 그림을 스캔한다.
④ 스캔한 그림은 파워포인트 슬라이드에 가사 순서대로 삽입한다.
⑤ 파워포인트 제일 앞부분에 노래 가사와 작사·작곡가를 쓴다.

⑥ 녹음해둔 피아노 반주를 파워포인트에 삽입한다.

⑦ 파워포인트의 레코드 기능을 이용하여 동영상으로 제작한다.

✿ 바로 맞히는 문제 ✿

수박 파티 동요 가사판을 만들려고 해요.
글자의 조건을 찾아 ○ 해보세요.

글자 크기		글자 꼴	
수박 하나	수박 하나	수박 하나	수박 하나
글자 자간		글자 음영	
수박 하나	수박하나	수박 하나	수박 하나

✿ 노래 교재교구 제작

작은 동물원 가사판

제작 방법

• **준비물**: 워드 프로그램, 종이, 가위, 하드보드지, 색지, 풀, 투명 시트지

① 워드 프로그램에 작은 동물원 가사를 적고 편집한다.

② 가사를 출력한 후 가위로 오린다.

③ 가사와 함께 제시할 그림을 찾아 가위로 오린다.

④ 하드보드지 위에 색지로 배경을 오려 풀로 붙인다.

⑤ 배경 위에 가사와 그림을 붙인다.

⑥ 가사판 위에 전체적으로 투명 시트지를 붙인다.

지도 방법

① 교사는 유아에게 동물 소리를 물어본다.
② 교사는 유아에게 작은 동물원 노래를 들려주며 그 제목을 생각해 보도록 안내한다.
③ 교사는 유아에게 작은 동물원 노래를 들려준다.
④ 교사는 유아에게 노래를 들은 느낌을 물어본다.
⑤ 교사는 유아에게 작은 동물원 가사판을 보여준다.
⑥ 교사와 유아는 작은 동물원 가사를 읽어본다.
⑦ 교사와 유아는 가사판을 보며 작은 동물원 노래를 불러본다.
⑧ 교사와 유아는 다양한 방법으로 작은 동물원 노래를 불러본다.
⑨ 교사는 유아에게 작은 동물원 개사하기 놀이를 해 보도록 안내한다.

작은 동물원 가사판

6. 게임에 활용하기

게임을 할 때, 어떻게 교재교구를 구성해야 할까?

유아들이 빨간 줄과 파란 줄에 맞추어 나눠 앉아 있다. 팀별 게임을 진행하기 위해 유아들이 미리 나눠 앉은 것이다. 유아가 다 앉은 다음 교사는 유아에게 진행할 게임 방법과 약속을 안내한다. 각 팀별로 응원을 정하고, 게임을 시작한다. 대소집단 활동으로 실시하는 게임에 관해 조금 더 살펴본다.

✿ 게임의 의미

게임은 여러 명의 유아가 여러 형태로 규칙에 따라 경쟁하며 진행하는 활동이다. 게임은 여러 명의 유아가 함께 진행한다. 최소한 2명 이상의 유아가 게임에 참여한다. 대집단으로 진행하는 그룹 게임으로는 경주 게임, 목표물 맞히기 게임, 카드 게임 등이 있다.

게임은 여러 형태로 진행된다. 게임은 원 게임, 편 게임, 자유 대형 게임으로 나뉜다. 원 게임은 유아들에게 둥글게 앉도록 하여 진행하는 방식이다. 편 게임은 두 편 이상으로 팀을 나누어 진행하는 경우이다. 자유대형게임은 자리의 형태를 정하지 않고 자유롭게 위치를 바꾸어가며 진행한다.

또한 게임에는 규칙이 있다. 규칙은 게임을 하는 순서, 게임을 하며 지켜야 하는 약속을 포함한다. 예를 들어, 달리기할 때는 호루라기 소리를 듣고 난 다음 달려야 한다. 유아는 선 안으로 서 있어야 한다. 규칙을 지켜야 게임이 원만하게 진행된다. 안전사고를 예방하기 위해서도 규칙을 지켜야 한다.

게임을 하는 과정에서 유아는 경쟁한다. 먼저 도착점에 도달하기 위해 경쟁하고, 먼저 풍선을 터뜨리기 위해 경쟁한다. 게임 활동에서의 경쟁은 이기기 위한 경쟁이기보다는 공존하기 위한 선의의 경쟁이어야 한다. 따라서 게임 활동을 할 때는 지나치게 경쟁심을 유도하지 않도록 응원을 해야 한다.

"이겨라"를 대신해 "화이팅", "잘한다", "파랑팀" 등으로 응원한다.

유아교육기관에서 게임은 유아들이 매우 즐거워하는 활동 중 하나이다. 게임에 참여하는 유아의 모습은 어떨까? 생각해 본다.

노래에 맞추어 자석으로 물고기를 잡고, 그 수를 세어보며 다른 팀과 비교하는 유아
기호에 맞게 분리수거를 하며 쓰레기통 교구에 넣는 유아
바닥에 놓여 있는 글자와 그림을 바르게 찾아서 뒤집는 유아
자기 순서를 기다리며, 게임을 하고 있는 친구의 이름을 불러 응원하는 유아
게임에서 진 팀에게 박수를 보내며 격려하는 유아

유아는 여러 명의 유아와 함께 규칙을 지켜가며 게임을 한다. 협력하며 게임을 할 때 더 즐겁고 안전하게 참여할 수 있다. 게임을 하며 유아의 사회성이 발달한다. 게임에서 정한 규칙은 유아 간 의사결정을 통해 수정 가능하다. 또한 게임을 통해 유아의 신체운동능력이 발달한다. 게임을 하는 과정에서 유아는 몸을 구부리거나 앉았다 일어나기를 반복한다. 또는 목표물을 향해 공을 던지기도 한다. 다양한 동작과 신체 움직임을 요구하는 게임은 대소근육의 정교한 발달을 돕는다. 유아는 게임을 하며, 게임에서 이겼을 때 성취감이나 만족감을 느낀다. 게임에서 졌을 경우 아쉬움을 표현한다. 이러한 과정에서 유아의 정서 발달도 촉진된다.

✿ 게임 교재교구의 종류

• 실물 자료

게임을 위해 사용하는 자료는 게임의 종류나 내용에 따라 매우 다양하다. 먼저, 살펴볼 자료는 실물 자료이다. 게임을 할 때 여러 가지 실물 자료가 사용된다. 예를 들어, 과일, 훌라후프, 풍선, 끈 등이 쓰인다. 공 옮기기 게임을 할 때의 자료 구성 방법을 살펴본다.

① 띠 테이프로 출발선을 표시해 놓는다.

② 게임 활동에 필요한 공의 수보다 더 많은 양의 공을 준비하여 바구니에 넣어둔다.

③ 공을 잡고 걸어가는 길을 띠 테이프를 사용하여 지그재그로 표시해 놓는다.

④ 옮긴 공을 넣을 바구니를 준비해 놓는다.

• 게임 순서도

게임 순서도는 게임을 시작하기에 앞서서 게임 방법을 살펴보기 위해 교사가 제작한 자료이다. 복잡한 게임일수록 게임 순서도를 통해 게임 방법을 소개하면, 유아는 조금 더 쉽게 게임 순서를 익힐 수 있다. 게임 순서도를 만드는 방법을 살펴본다.

① 한글 프로그램에 게임 방법을 순서대로 적는다.

② 적은 순서도에 게임 자료 등 그림을 첨부한다.

③ 적은 순서도는 출력한 후 오린다.

④ 오린 순서도는 코팅한 후 오린다.

✿ 바로 맞히는 문제 ✿

교통기관 안전 게임 활동을 할 때, 필요한 게임 자료를 ○ 해보세요.		
신호등	안전표지판 카드	교통안전 카드

✿ 게임 교재교구 제작

▌얼굴을 완성해요

제작 방법

• **준비물**: 하드보드지, 색지, 가위, 풀, 시트지, 보들이, 코팅지, 까끌이

① 하드보드지에 색지로 얼굴 모양을 가위로 잘라 풀로 붙인다.
② 만든 얼굴 모양 위에 시트지를 붙여 얼굴판을 완성한다.
③ 얼굴에 눈, 코, 입을 붙일 자리에 보들이를 붙인다.
④ 색지로 눈, 코, 입을 다양한 모양으로 만들어 코팅지에 붙인다.
⑤ 코팅한 눈, 코, 입을 오린 후 뒷부분에 까끌이를 붙인다.
⑥ 주사위에 코팅한 눈, 코, 입과 동일한 모양을 풀로 붙인 후 시트지로 감싼다.

지도 방법

① 교사와 유아는 얼굴 부위에 관해 이야기 나눈다.
② 교사는 유아에게 얼굴을 완성해요 얼굴판을 보여준다.
③ 교사는 유아에게 얼굴 부분을 보여주며 게임 방법을 알려준다.
④ 교사는 유아에게 게임할 때 지켜야 하는 약속을 이야기 나눈다.
⑤ 유아는 두 팀으로 나누어 앉는다.
⑥ 교사의 신호에 따라 유아는 얼굴 주사위를 돌린다.
⑦ 얼굴 주사위에 나온 눈, 코, 입을 확인한 유아는 동일한 부분을 찾아 얼굴판에 붙이고 돌아온다.
⑧ 각 팀의 유아가 돌아온 다음에는 얼굴 주사위에 맞게 붙였는지와 누가 먼저 붙이고 돌아왔는지를 살펴 점수를 준다.
⑨ 팀의 유아가 완성한 얼굴판을 살펴보며 게임을 반복한다.

7. 신체표현에 활용하기

신체표현을 할 때, 어떻게 교재교구를 구성해야 할까?

한 유아가 모여 앉아 있는 친구들을 향해 동물 모양을 흉내 낸다. 흘러나오는 음악에 맞춰, 동물의 움직임을 자유롭게 표현하자 이를 본 유아들이 동물의 이름을 맞춘다. 동물을 표현하는 유아나 관찰하는 유아 모두 즐겁고, 진지한 모습으로 활동에 참여한다. 이러한 신체표현은 의사소통의 또 다른 방법이다. 신체표현에 관해 조금 더 자세히 살펴본다.

✿ 신체표현의 의미

신체표현은 몸을 활용하여 여러 예술적 자극에 관해 유아가 자신을 드러내는 과정이다. 신체표현을 할 때 유아는 몸을 사용한다. 유아는 얼굴 표정, 손 동작, 몸 전신을 사용하여 생각이나 느낌을 표현한다. 몸을 활용하여 한 공간에서 다른 공간으로 이동을 한다. 유아가 신체표현을 할 때는 표현을 돕는 예술적 자극을 경험한다. 예를 들어, 유아는 음악을 들으며, 그 기분을 표현한다. 유아는 미술 작품을 보며 그 느낌을 몸으로 나타낸다. 때로는 동시를 듣고, 그 생각을 몸으로 나타낸다. 즉, 유아는 이러한 예술적 자극을 통해, 자신의 기분, 느낌, 생각을 신체 움직임으로 드러낸다.

유아교육기관에서 신체표현 활동을 하고 있는 유아의 모습은 어떨까? 생각해 본다.

나비가 되는 과정을 신체로 표현하는 유아
민들레 꽃이 되는 과정을 손 동작으로 표현하는 유아
사계를 듣고, 그 느낌을 몸으로 표현하는 유아
바닷속 동물들을 몸으로 표현하는 유아
발레리나처럼 되어보는 유아

신체표현을 경험한 유아의 신체 움직임은 더욱 정교해진다. 전신을 움직이는 동작부터 작은 움직임을 나타내는 동작까지 다양한 신체표현을 통해 점점 더 세세하게 움직임을 표현하게 된다. 또한 유아는 신체표현으로 자신의 생각이나 느낌을 표현한다. 교사는 이러한 표현을 존중해 주어 유아는 활동에 더욱 집중하며 창의적인 표현력도 기르게 된다. 신체표현을 하는 과정에서는 공간의 이동이나 움직임이 발생한다. 따라서 함께 활동하는 친구를 배려하고, 협력하는 자연스러운 기회를 가진다. 이는 유아의 사회성 발달을 돕는다.

✿ 신체표현 교재교구의 종류

• 동물 얼굴

신체표현을 할 때, 여러 가지 동물을 표현한다. 동물 그 자체를 표현하거나 동물의 움직임, 동물의 성장 과정을 신체로 표현한다. 이에 따라 여러 가지 동물 얼굴 교재교구를 마련해 둔다면, 신체표현 활동은 더욱 적극적으로 실시된다. 동물 얼굴을 만드는 과정을 살펴본다.

① A4 종이를 1/4로 잘라 유아에게 주어 좋아하는 동물을 그리고 색칠하도록 한다.
② 색칠한 동물은 오려 코팅한다.
③ 코팅한 동물은 오린 후, 까끌이를 붙인다.
④ EVA를 4cm 정도의 두께로 자른다.
⑤ EVA 양쪽 끝부분에 구멍을 뚫은 다음, 고무줄로 연결한다.
⑥ EVA 가운데 부분에 보들이를 붙인다.
⑦ 보들이와 까끌이 부분을 붙여 동물 얼굴을 완성한다.

• 리듬 막대

리듬 막대는 음악에 따른 느낌을 자유롭게 표현할 때 쓰인다. 상업적으로 판매되는 리듬 막대를 사용할 수 있으나 주변에서 쉽게 볼 수 있는 자료를 활용하여 리듬 막대를 만드는 방법을 살펴본다.

① 나무젓가락을 띠 테이프로 촘촘히 붙인다.
② 나무젓가락을 모루로 감쌀 수도 있다.
③ 나무젓가락의 끝부분에 끈을 연결하여 글루건으로 붙인다.
④ 좋아하는 모양을 펠트지로 오린다.
⑤ 오린 모양은 나무젓가락과 끈을 연결한 부분 위에 붙인다.

• 보자기

보자기는 신체표현을 할 때, 유아의 손목이나 허리 등에 묶어서 사용한다. 음악을 듣고 그 느낌을 표현하거나 나비의 날개처럼 동물을 표현하고 숨을 수 있는 공간을 만들 때도 쓰인다. 크기가 다양한 보자기는 신체표현 활동 목적에 따라 사용 가능하다. 보자기를 만들어 사용하는 경우를 살펴본다.

① 주변에서 사용하지 않는 천을 자른다.
② 크기가 작다면, 양면 테이프를 붙여 크게 만든다.
③ 천은 활동 목적에 따라 그림을 그리거나 스티커를 붙여 꾸민다.

✿ 바로 맞히는 문제 ✿

바닷속 생물로 신체표현을 할 때, 선택해야 하는 교재교구를 모두 적어보세요.

✿ 신체표현 교재교구 제작

▌탈춤을 추어요

제작 방법

• **준비물**: 도화지, 연필, 가위, 그리기 도구, 펀치, 고무줄, 천, 바늘, 실

① 도화지에 탈을 연필로 그린 후, 가위로 오린다.
② 오린 탈은 그리기 도구로 꾸민다.
③ 탈의 귀 부분은 펀치로 뚫어 고무줄을 끼운다.
④ 유아의 팔 길이와 크기를 고려하여 천을 오린 후, 바느질한다.
⑤ 천의 윗부분은 접어서 공간을 만든 후 다시 바느질한다.
⑥ 생긴 공간에는 고무줄을 끼운다.

지도 방법

① 교사는 유아에게 탈춤 동영상을 보여준다.
② 교사는 유아에게 탈춤을 출 때 필요한 준비물을 물어본다.
③ 교사와 유아는 탈춤 준비물을 보며, 탈춤을 추는 방법을 생각해 본다.
④ 교사는 유아에게 각각 준비물을 나눠주고, 탈을 쓰고 준비하도록 안내한다.
⑤ 교사는 유아들이 넓게 설 수 있도록 하고, 음악에 맞춰 탈춤을 표현해 보도록 한다.
⑥ 교사는 팀에 따라 탈춤을 추도록 한다.
⑦ 교사는 유아들과 활동을 회상하며 탈춤을 춘 느낌을 이야기 나눈다.

Chapter **09**

영유아 교과교재를 마무리하기

유아교육과를 다니는 예비교사는 유아 교과교재 연구 및 지도법 수업을 수강한다.
전공 필수 교과목이다 보니, 수강 여부를 선택할 수 없다.
그래서 예비교사는 수강신청을 할 때 고민 없이 교과목을 선택한다.
고민 없이 수강신청을 하지만, 여러 가지 궁금증이 있다.
무엇을 하는 수업일까? 무엇이 필요한 수업일까? 다른 교과목과 어떻게 다를까?
이러한 궁금증을 메모지에 남긴다.

**유아 교과교재 연구 및 지도법 수업에 관한 궁금증은
또 무엇이 있을까?
궁금증을 해결하는 방법은 무엇일까?**

짧은 메모

보통 유아교육과 3학년이 된 예비교사는 유아 교과교재 연구 및 지도법이라는 3학점 수업을 이수한다. 그 이전에도 영유아를 교육하고 놀이를 지원하는 데 필요한 교재교구를 생각한 후 직접 제작해 보는 예비교사이지만, 이 수업에서는 교과교재에 관해 더욱 깊이 있게 탐구하도록 지원한다.

이에 9장에는 예비교사의 관점에서 정리한다. 이를 위해서 예비교사들이 평소 교재교구와 관련하여 궁금해했던 점을 살펴본다. 영유아 교과교재를 마무리하며, 그동안의 과정을 정리해 본다.

질문 1. 영유아 교과교재 연구 및 지도법 수업은 주로 교재교구를 제작하나요?

영유아 교과교재 연구 및 지도법 수업은 예비교사에게 교재교구에 관한 전문적 소양을 형성하도록 하는 데 그 목적을 둔다. 이 수업에서는 목적에 부합하는 세부 목표를 추구한다.

- 영유아 교재교구에 관심을 가진다.
- 다양한 영유아 교재교구를 탐색한다.
- 영유아 교재교구를 제작한다.
- 영유아 교재교구를 활용한다.
- 영유아 교재교구를 평가한다.

따라서 영유아 교과교재 연구 및 지도법 수업에서 교재교구를 제작해 보는 경험은 수업의 일부이다. 여러 교과 수업에서는 모의수업을 한다. 예를 들어, 언어지도, 유아음악교육, 유아동작교육, 유아과학교육, 유아수학교육, 유아미술교육, 유아사회교육, 아동건강교육 등의 교과에서는 모의수업을 통해, 교과 내용에 맞는 활동을 실시한다. 이러한 수업을 할 때 예비교사는 교수자료를 제작한다. 비록 영유아를 대상으로 수업을 실시하지 못하지만 영유아의 흥미를 유발하고 발달을 촉진하는 교수자료를 제작하여 활동을 실시한다.

영유아 교과교재 연구 및 지도법 수업에서도 모의수업을 한다. 모의수업 준비를 위한 교수자료 제작은 필수의 과정이다. 물론 교재교구를 제작하는 방법, 기간, 수량은 수업의 운영 방법에 따라 차이가 있다. 영유아 교과교재 연구 및 지도법 수업은 다른 교과목처럼 모의수업을 실시하지만, 수업의 특성을 반영하여 조금 더 영유아 교과교재에 관한 이론을 기반으로 하여 영유아에게 적합한 교재교구를 구성해 내는 데 있다.

질문 2. 손재주가 없어도 영유아 교재교구를 제작할 수 있나요?

손재주가 없어도 영유아 교과교재를 제작할 수 있다. 스스로 손재주가 없다고 느끼는 예비교사는 조금 더 쉽고 빠르게 교재교구를 제작하는 손재주 있는 예비교사를 부러워한다. 기존의 그림 자료에 종이를 대고 그려야만 밑그림을 그릴 수 있고, 원하는 모양을 표현할 수 있는 예비교사에게 쓱쓱쓱 막힘없이 그림을 그려 원하는 모양대로 뚝딱 오리는 예비교사는 신기하고 부러운 대상이다.

교재교구를 제작하다 보면, 이러한 기술도 향상된다. 예비교사는 교재교구를 만드는 기회를 여러 번 가지다 보면 조금 더 쉽게 만드는 방법, 조금 더 효율적으로 교재교구를 제작하는 방법을 익혀간다. 그림을 잘 그리지 못해도 교재교구를 충분히 만들 수 있다. 이미 교재교구를 제작하는 쉬운 방법은 여러 경로로 공유되고 있다. 동영상을 통해 안내된 교재교구 제작방법은 반복적으로 돌려보거나 잠시 멈추어가며 만들다 보면 따라 제작할 수 있다. 관련 그림 자료를 공유하는 사람들도 있다. 원하는 그림이나 도안을 찾기 위해 검색한다면 충분히 교재교구를 제작할 수 있다.

손재주가 뛰어난 교사가 만든 교재교구라고 해서, 모든 영유아의 흥미를 유발하는 것은 아니다. 조금 서툴게 제작된 교재교구이더라도 영유아가 관심을 기울일 수 있다.

중요한 것은 교사 스스로 교재교구를 제작하는 데 흥미를 느끼고 참여하는 데 있다. 교재교구를 제작하기 위해서 교사는 정성을 쏟아야 하고, 시간을 소요해야 한다. 그러므로 바쁜 하루 일과 중 교재교구의 제작은 쉽지 않다. 손재주를 떠나 교사 스스로 교재교구를 제작하는 데 보람을 느껴야 한다.

질문 3. 영유아 교재교구를 제작한 후, 어떤 수업을 하나요?

교재교구를 제작한 다음에는 모의수업을 실시한다. 모의수업은 대소집단 활동으로 이루어지거나 소집단 놀이로 진행한다. 이러한 모의수업을 진행한 후에는 교수자료로 교재교구를 평가한다. 평가 내용은 다음과 같다.

- 교재교구는 영유아의 발달에 적합한가?
- 교재교구는 활동에 대한 이해를 높이는가?
- 교재교구는 영유아 스스로 조작 가능한가?
- 교재교구의 수는 충분한가?
- 교재교구는 교사와 영유아 간 상호작용을 촉진하는가?
- 교재교구는 영유아와 교재교구 간 상호작용을 촉진하는가?
- 교사는 교재교구를 적절할 때 제시했는가?
- 교사는 영유아가 보기 쉽도록 교재교구를 제시했는가?
- 교사는 영유아와 교재교구를 탐색할 시간을 가졌는가?
- 모의수업 후, 교재교구는 정리 가능한가?

수업을 대신해 교재교구 제작 발표회를 여는 경우도 있다. 예비교사로 교재교구를 제작한 후, 이를 모아 교재교구를 전시한다. 전공을 떠나 교재교구에 관심 있는 사람들이 참여하는 시간을 제공하여 교재교구에 관한 아이디어를 얻는다.

질문 4. 교육실습을 할 때는 얼마만큼 교재교구를 제작하나요?

영유아 교과교재 연구 및 지도법 수업이 아니라 실제 유아교육기관에서 실시하는 교육실습을 할 때도 예비교사는 교재교구를 만든다. 교재교구를 제작하는 경우를 나누어 살펴본다.

예비교사는 수업을 위해 교재교구를 제작한다. 이때의 교재교구는 교수자료로 볼 수 있다. 교육실습을 하면, 부분 수업, 연계 수업, 종일 수업을 실시한다. 대소집단 활동으로 이루어지는 여러 가지 활동에서는 교수 자료를 필요로 한다. 교수 자료가 있을 때, 영유아는 주의를 집중하고 관심을 기울이며 적극적으로 참여한다. 영유아를 위한 수업은 유아 스스로 조작해볼 수 있는 구체적 자료를 마련했을 때, 더욱 효과적으로 실시되므로 교수 자료 없이 이루어지는 수업을 찾아보기 어렵다.

예비교사는 놀잇감을 제공하기 위해 교재교구를 제작한다. 수업이나 활동을 하지 않더라도 영유아에게 놀이 환경을 만들어 주기 위한 교재교구를 만든다. 예를 들어, 언어놀이를 위해 단어카드를 만들어 주거나 음률놀이를 위해 마라카스를 만들어 영유아에게 제공한다. 영유아는 예비교사가 만든 놀잇감을 발견하고, 탐색하며, 놀이한다.

물론, 교육실습을 하며 제작하는 교재교구의 개수는 유아교육기관마다 다르다. 그러나 적어도 교수자료이든, 놀잇감이든 예비교사에게 필요한 경험으로 교재교구를 제작해보도록 안내한다.

질문 5. 유치원에서는 유아가 직접 만든 교재교구를 어떻게 하나요?

놀이를 하다가 유아가 직접 교재교구를 만드는 경우가 있다. 교실에 원하는 교재교구가 없거나 놀이를 위해 당장 교재교구가 필요할 때이다. 유아는 놀이 영역에 있는 여러 가지 재료를 이용하여 교재교구를 만든다. 유아는 만든 교재교구로 신나게 놀이한다.

놀이 시간 후, 이 교재교구를 어떻게 할지를 교사는 고민해 보아야 한다. 여러 가지 방법이 가능하다.

먼저 유아가 만든 교재교구를 그대로 놀이 영역에 배치해 둔다. 유아가 레고로 비행기를 만들었다면, 쌓기놀이 영역에 자리를 마련해 올려 둔다. 이 다음 놀이 시간에도 유아가 놀이할 수 있기 때문이다.

유아가 만든 교재교구를 전시해 둔다. 더 이상 가지고 놀지 않을 교재교구이지만, 유아 간에 만든 놀잇감을 공유하고 싶어 할 때는 전시 공간에 배치해 둔다. 유아들이 놀이를 하다가도 이 교재교구를 확인할 수 있다.

더 이상 교실에서 놀이하지 않을 것으로 보일 때는 가정으로 가져가도록 안내한다. 유아는 가방에 만든 교재교구를 넣어 하원할 때 가져간다.

질문 6. 가정으로 가져간 영유아 교재교구는 어떻게 관리해야 할까요?

유아는 가끔 유치원에서 자신이 만든 교재교구를 가정으로 가져간다. 가정으로 가져간 유아는 부모에게 만든 교재교구를 자랑한다. 한동안 교재교구로 유치원에서 했던 놀이를 재현한다.

그러나 유아가 교재교구를 가정으로 가져갔을 때, 부모가 이를 확인해 줄 필요가 있다. 그렇지 않으며, 교재교구를 다음 날에도 가방에 넣어 유치원으로 가져오게 된다. 오랜 시간 동안 가방에 넣어둔 교재교구는 망가지기도 한다. 따라서 교사는 부모들에게 자녀가 교재교구를 가져갈 수 있음을 미리 안내한다.

먼저 교사는 오리엔테이션을 할 때, 가방 확인에 관해 부모에게 사전에 요청한다. 유아가 만든 교재교구를 가정으로 보내게 되므로 가방을 꼼꼼히 확인하도록 부모에게 말씀드린다.

또한, 교사는 메모지를 활용한다. 메모지에 유아가 만든 교재교구에 관해 간단히 적어 보낸다. 유아가 만든 교재교구 명, 만든 시간, 만든 후 놀이 장면을 간단히 적어 함께 보낸다.

유아는 가정으로 가져간 교재교구로 한동안 놀이한다. 부모는 유아와 함께 교재교구를 보관할 장소를 정해 정리정돈을 지원해 준다.

질문 7. 부모가 영유아의 교재교구를 구입할 때 주의할 점은 무엇일까요?

가정에서는 영유아의 교재교구를 놀잇감 또는 장난감이라 부른다. 가정에서 부모가 장난감을 사 주는 경우는 특별한 날을 맞았을 때이다. 예를 들어, 영유아의 생일, 어린이날, 크리스마스와 같은 날에는 영유아를 위한 장난감을 사준다. 또한 부모는 교육을 이유로 영유아를 위한 교재교구를 구입한다. 예를 들어, 영유아의 한글 공부를 위해서 그림 카드를 구입한다.

부모가 영유아용 교재교구를 구입할 때 주의해야 할 점이 있다. 각각을 살펴본다.

첫째, 유사 교재교구의 유무이다. 가정에서 놀잇감을 꺼내 분류해보면 비슷한 놀잇감을 찾아낼 수 있다. 글자 카드, 숫자 카드 등 여러 가지 카드가 있다. 인형도 많다. 그러므로 교재교구를 구입하기 전에는 가정에 있는 놀잇감을 정리하여 그 유무를 파악한다.

둘째, 교재교구와 경제교육이다. 영유아는 원하는 교재교구를 모두 사달라고 부모에게 말할 수 없다. 자원은 한정되어 있으며, 그러한 자원을 아껴 써야 하기 때문이다. 경제교육의 일환이다. 그러므로 부모는 영유아용 교재교구의 필요성을 고민한 후 구입한다.

질문 8. 부모가 영유아 교재교구를 구입할 때, 무엇을 살펴보아야 할까요?

부모가 교재교구를 구입할 때는 몇 가지 점검 사항이 있다. 이 사항은 대부분 교재교구 포장지나 상자에 제시되어 있으니, 교재교구를 구입하며 꼼꼼히 살펴본다.

첫째, 연령이다. 부모는 교재교구를 구입할 때 사용 연령을 확인한다. 몇 세 이상, 또는 몇 개월 이상으로 표시된 연령을 참고한다. 자녀의 연령에 맞는 교재교구를 구입하는 하나의 방법이 될 수 있다.

둘째, 안전마크이다. 영유아를 위한 교재교구는 안전한 재질로 안전하게 만들어진 것이어야 한다. 구강기에 해당하는 영아는 교재교구를 물고 뜯는 경우도 있기 때문에 안전의 요소는 더욱 중요하다. 따라서 부모는 교재교구를 구입할 때, 안전성을 확보했는지를 살펴본다.

질문 9. 영유아 교재교구 개발자가 되려면 어떻게 준비해야 할까요?

영유아 교재교구 개발자가 되려면, 관련 업체에 취업을 해야 한다. 유아교육과 관련한 업체는 여러 곳이다. 이러한 곳에서는 유아교육 프로그램, 유아교구 계발 및 판매, 유아교사 연수 등을 진행한다. 따라서 유아교육 관련 업체를 찾아, 그곳에서의 경력 요구 사항을 파악한다. 물론 그 전에 교재교구 개발자가 되기 위해서는 여러 가지 선행 경험을 해 본다.

먼저, 평소 영유아 교재교구에 관심을 기울이며, 그 동향을 파악한다. 영유아 교재교구는 고정적이지 않으며 계속해서 변화하고 발전한다. 동일한 목적과 내용을 담은 교재교구라 하더라도 교재교구를 제작하는 기본 재료가 달라질 수 있다. 이러한 변화는 사회적 변화에서 비롯된다. 사회가 변화하며 과학기술의 발전과 함께 새로운 소재들이 만들어지고 있다. 이에 따라 영유아에게 더 안전한 자료로 교재교구를 만들려는 노력이 뒤따른다. 유아교육기관에서는 기존에 보지 못했던 새로운 교재교구를 보게 된다. 또한 시대적 변화에 따라 기대하는 인재상이 달라지며 교육의 흐름이 변화하기 때문이다. AI에 관한 사회적 관심의 증가로 이와 관련한 교육이 활성화되고 있다. 따라서 이러한 교육을 뒷받침하는 교재교구들이 개발되고 있다. 지금도 교재교구는 개발되고 있으며, 새로운 시도를 계속하고 있다. 그러므로 교재교구 개발자가 되고 싶다면, 평소 교재교구에 관심을 가지며, 관련한 자료를 모아본다.

또 다른 경험으로는 교재교구 포트폴리오를 만들어 본다. 대학을 다니며 여러 가지 교재교구를 제작해본다. 스스로 제작한 교재교구뿐 아니라 다른 사람이 제작한 교재교구도 접하게 된다. 유아교육기관에서 관찰을 하거나 실습을 하게 되며 더 많은 교재교구를 보게 된다. 따라서 가능하다면, 교재교구 자료를 모아 포트폴리오를 구성해 둔다. 이 자료에는 교재교구의 이름, 사진, 사용 연령, 사용 방법, 사용 시 주의점과 함께 보완해야 하는 사안을 기재해 둔다.

질문 10. 유아 교재교구 박람회도 열리나요?

유아 교재교구 박람회나 전시회는 두 가지 경로로 열린다. 먼저, 유아 교재교구 박람회에 해당하는 유아교육전이나 베이비페어가 있다. 박람회에 가 보면, 각 부스별로 다양한 유아교육 관련 자료를 찾아볼 수 있다. 주로, 박람회에서는 유아교육 관련 도서, 유아교육 관련 교재교구를 소개하고 판매한다. 또한 유아교육 관련 체험을 해 볼 수도 있다. 박람회에 참여하기 위해서는 개최 시기와 장소를 사전에 확인해야 하고, 사전 등록을 할 경우 입장하기 더 수월하다. 특히, 베이비페어는 각 지역에서 열리게 되며 유아교육에 관심이 많은 사람들이나 자녀를 둔 부모들이 참여한다.

다음으로 유아 교재교구 전시회이다. 이러한 전시회는 유아교육과가 있는 각 학교에서 열린다. 전시회를 가 보면, 학생들이 제작한 다양한 종류의 교재교구를 직접 만져보고, 사진으로 기록할 수 있다. 경우에 따라서는 구입 가능한 학교도 있다. 다만, 이러한 전시회는 열리는 시기를 정확히 알지 못해 참여하는 데 어려움이 있다. 이에 따라 각 학교에서는 전시회를 열고 이를 동영상으로 제작하여 공개한다. 여러 채널을 통해서, 공개된 교재교구 전시회를 찾아볼 수 있다.

참고문헌

강기수, 김선희(2014). J. A. Comenius 『세계도회』의 아동교육적 의미 고찰. **교육철학연구, 36**(4), 1-34.

고후순(2008). Fröbel 은물과 Montessori 교구의 비교연구. **인문과학논총, 창간호**, 193-215.

곽노의(1996). **프뢰벨: 생애와 교육**. 경기: 양서원.

구경선(2005). **코메니우스 교육과의 만남**. 서울: 교육아카데미.

권오신, 심성경(2009). 가톨릭 유치원의 몬테소리 교육 운영 실태와 교사의 인식. **육아지원연구, 4**(1), 5-22.

김병희, 김유라(2013). 세계 최초의 그림책 『세계도회』에 나타난 언어교육론 고찰. **어린이문학교육연구, 14**(3), 95-112.

김은미(2005). 마리아 몬테소리(Maria Montessori)의 생애와 교육이론. **신학정론, 23**(1), 191-207.

나현규(2021). 코메니우스의 『세계도회』(Orbis Pictus) 구조를 통해 본 교육적 의미 연구. **교육철학연구, 43**(1), 23-46.

우영란(1993). 연령, 성별에 따른 Montessori 감각교구의 적용에 관한 연구. **아동교육, 3**(1), 119-135.

임상도(2018). 세계도회(世界圖會) 내용구성이 누리과정의 내용구성과 교육방법에 미치는 시사점 탐구. **아동교육, 27**(3), 367-392.

찾아보기

ㅍ

기타

저자 소개

성영화
성균관대학교 아동학과(유아교육전공)에서 과정을 이수하여 철학 박사학위를 취득하였다. 현재는 백석대학교 유아교육과 학생들에게 영유아교수방법, 유아과학교육, 유아음악교육을 지도하고 있다. 집필한 저서로 6주 보육실습 길잡이, 아동권리와 복지, 유아과학교육, 언어지도 등이 있다.

영유아 교과교재 연구 및 지도법

초판 1쇄 인쇄 / 2025년 3월 5일
초판 1쇄 발행 / 2025년 3월 10일

저 자 / 성 영 화
발행인 / 이 중 수
발행처 / **동 문 사**

서울특별시 서대문구 홍제원 1길 12
(홍제동 137-8)
Tel: 02)736-3718(대), 736-3710, 3720
Fax: 02)736-3719
등록번호: 1974.04.27. 제9-17호
가격: 22,000원

ISBN: 979-11-6328-629-5 (93370)
E-mail: dong736@naver.com
www.dongmunsa.com